유학생이 알아야 할 한국학 시리즈

한국미술:
전통에서 현대까지

제
3
권

유학생이 알아야 할 한국학 시리즈

한국미술:
전통에서 현대까지

고연희
구혜인
김계원
김소연
김수진
지음

제3권

성균관대학교
출판부

〈유학생이 알아야 할 한국학 시리즈〉를 발간하며

1990년대 후반부터 한국의 대중문화가 타국에서 주목받기 시작하면서 이른바 '한류'라고 불리는 현상이 등장하였습니다. 이는 이제 한국의 문화가 한국뿐 아니라 세계 각지의 사람들이 함께 공유하는 대상이 되어가고 있음을 의미합니다. 특히 인터넷 발달에 따른 미디어 환경의 변화는 한국의 문화와 예술 등을 세계에 더 널리 전파하게 해주었고, 그 결과 한국과 한국문화, 나아가 한국어를 배우고자 하는 열기는 점점 더 뜨거워졌습니다. 최근 한국 대중문화의 위상이 이를 증명하고 있습니다.

〈유학생이 알아야 할 한국학 시리즈〉를 기획한 필자들 역시 이러한 '열기'를 대학의 강의실에서 느끼고 있습니다. 매년 증가하는 외국인 입학생과 재학생들에게 '한국에 (유학)온 동기나 이유'에 대해 물어보면, 상당수 학생들은 '한류'를 통해서 한국을 알았고, 나아가 한국에 대해 공부하고 싶어서 왔다고 대답합니다. 그러나 이들은 대학에서 '한류'와는 거리가 있는 공부를 하거나 한국에 대해 배우고 싶어도 무엇을, 어떻게 배워야 하는지도 정확하게 모르는 경우가 적지 않았습니다.

2019년 4월 1일 기준 16만 명이 넘는 외국인 유학생의 절대 다수는 한국을 배우려는 열정과 의지를 가지고 한국을 찾아온 패기 넘치는 학생들입니다. 하지만 필자들은 그들의 한국에 대한 이해 수준이 결코 자신들의 열정과 비례하지 않다는 것을 현장에서 목격하곤 하였습니다. 이들의 열정과 미래의 꿈이 현실에서 제대로 결실을 맺기 위해서는 '한국'을 가르치는 교육자들의 반성과 실천이 그 어느 때보다 더 절실히 필요하다고 생각합니다. 더욱이 각 나라에서 한국을 배우고자 준비하고 있는 사람들까지 고려한다면, 더 진지하게 그 관심과 열정에 부응하는 것이 시리즈를 기획한 필자들의 최소한의 의무일 것입니다. 이 시리즈는 이러한 문제의식 속에서 한국을 배우고자 하는 외국인들이 보다 쉽고 체계적으로 한국을 이해하는 것을 목표로 삼았습니다.

외국인을 위한 한국어 교육 분야의 도서 발간은 이미 상당한 수준에 이르렀다고 생각합니다. 그러나 이와 달리 한국학을 깊이 있게 배우고자 하는 외국인 학생들을 위한 도서 발간은 아직 초보적인 수준에 머물러 있습니다. 이들의 점증하는 학문적 수요를 충족시켜주지 못하고 있는 현재 상황 속에서 관련 분야의 교재 발간은 매우 시급한 과제라고 할 수 있습니다. 〈유학생이 알아야 할 한국학 시리즈〉는 이러한 현실적 요구에 부응하기 위해 기획된 체계적인 한국학 교재 시리즈입니다. 다양한 주제로 발간될 교재들을 통해 외국인(유학생 포함)이 한국의 유구한 역사와 역동적인 문화를 자세히 이해하고, 나아가 지금의 한국 사회를 향한 통찰력을 기를 수 있기를 기대합니다.

동아시아학술원 한국학연계전공 교재편찬위원회

한국미술: 전통에서 현대까지
이 책의 구성과 활용법

유학생이 알아야 할 한국학 시리즈는 유학생들이 한국의 역사와 문화에 보다 쉽고 체계적으로 접근할 수 있도록 대주제와 시기 구분에 따라 각 권을 구성하였습니다. 또한 단원의 구성도 일정한 기간과 시간을 배분해 학습에 집중할 수 있도록 15강으로 나누어 대학생은 물론 일반 학습자의 학습 성취도를 고려하였습니다.

시리즈 3권에 해당하는《한국미술: 전통에서 현대까지》는 한국의 역사적 흐름 속에서 등장한 미술문화의 대표작품을 선정하여 그 의미와 역할을 전달하고자 했습니다. 선사시대부터 현대까지 순차적으로 학습하도록 구성하였으나, 현장학습인 제15강은 강의 순서에 무방하게 학습할 수 있습니다. 아울러, 보여드린 미술작품에 대한 상세 정보를 이 책의 뒤편에 수록하였습니다.

모든 단원의 첫 시작은 〈이런 것들을 배워 봅시다〉로 문을 엽니다. 여기서는 본 강에서 학습할 내용의 전체 흐름을 설명하고 학습자들이 집중해서 생각해 볼 주제를 환기합니다. 아울러 〈찾아가 봅시다〉라는 코너를 넣어 학습 내용과 관련된 유적지나 기념관, 박물관 같은 정보를 소개하여 학습자의 직간접적인 체험 학습을 유도합니다. 그리고 본문 시작 부분에는 단원별로 본 강에서 배울 주요한 역사적 사건을 한눈에 파악할 수 있도록 연도를 표기하여

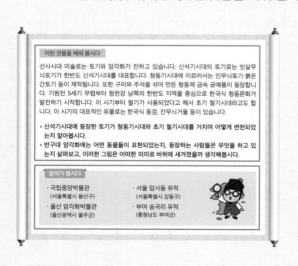

학습의 이해를 도왔습니다.

　학습의 세부 내용을 담고 있는 본문은 소주제별로 묶어 전달하여 이해를 돕도록 하였습니다. 이때 학습자의 독해에 도움이 될 용어나 개념, 또는 주요 인물에 대한 보충 설명을 〈글박스〉를 통해 전달하고 있습니다.

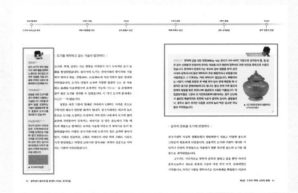

　또한 〈더 알아봅시다〉라는 코너를 두어 역사적 사건을 이해하는 데 필요한 상세한 내용을 소개하였습니다. 흥미로운 에피소드로 구성된 본 코너를 통해 본문에서 다루는 주요 내용에 대한 이해를 도울 뿐 아니라 역사와 관련한 다양한 문화와 가치관을 이해하는 데에도 도움이 될 것입니다.

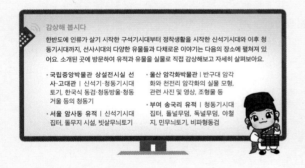

　단원의 마지막에는 〈감상해 봅시다〉라는 코너를 두어 학습자들이 본 강에서 배운 내용을 총정리할 수 있도록 하였습니다. 먼저 학습 내용을 바탕으로 지인들과 토론해 볼 수 있는 화두를 소개하였습니다. 그리고 학습 내용과 관련된 드라마나 영화를 소개하여 원활한 토론과 복습 효과를 배려하였습니다.

　이상의 구성적 특징을 갖는 유학생이 알아야 할 한국학 시리즈를 통해 유학생들이 한국이라는 국가가 경험해 온 역사적 전개 과정과 한국인의 가치관을 형성해 온 주요 사상과 생활문화사, 나아가 오늘날 세계인들로부터 평가받고 있는 한국의 전통 및 한류 문화 등을 함께 생각해 볼 수 있었으면 합니다. 아울러 유학생들이 한국적인 것의 특징이 무엇이며 그러한 특징이 어떻게 형성되었는가를 배워가며 한국 사회와 한국인의 삶과 의식에 보다 깊게 접근할 수 있으리라 기대합니다.

차례

제1강

선사시대 미술문화

제2강

남북조시대의 고분벽화

제14강 **현대의 미술**

 제15강 **현장 체험학습**

제1강

선사시대
미술문화

이런 것들을 배워 봅시다

선사시대 미술로는 토기와 암각화가 전하고 있습니다. 빗살무늬토기가 한반도 신석기시대를 대표합니다. 청동기시대에 이르러서는 민무늬토기·붉은 간토기 등이 제작됩니다. 또한 구리와 주석을 섞어 만든 청동제 금속 공예품이 등장합니다. 기원전 5세기 무렵부터 청천강 남쪽의 한반도 지역을 중심으로 한국식 청동문화가 발전하기 시작합니다. 이 시기부터 철기가 사용되었다고 해서 초기 철기시대라고도 합니다. 이 시기의 대표적인 유물로는 한국식 동검, 잔무늬거울 등이 있습니다.

- 신석기시대에 등장한 토기가 청동기시대와 초기 철기시대를 거치며 어떻게 변천되었는지 알아봅시다.
- 반구대 암각화에는 어떤 동물들이 표현되었는지, 등장하는 사람들은 무엇을 하고 있는지 살펴보고, 이러한 그림은 어떠한 의미로 바위에 새겨졌을까 생각해봅시다.

찾아가 봅시다

- 국립중앙박물관
  (서울특별시 용산구)
- 울산 암각화박물관
  (울산광역시 울주군)
- 서울 암사동 유적
  (서울특별시 강동구)
- 부여 송국리 유적
  (충청남도 부여군)

▎토기를 사용하기 시작하다 ▎

인류는 약 1만 년 전부터 농경과 목축을 시작하고 식량을 스스로 생산하는 정착생활을 시작하였습니다. 이 시기를 신석기시대로 분류하며, 한반도에서는 기원전 8천 년부터 시작된 것으로 추정됩니다. 신석기인들은 흙을 불에 구으면 단단해진다는 사실을 알게 되면서 흙으로 토기(土器)를 만들어 사용하기 시작했습니다.

신석기시대 이전에는 이동 생활로 인해 흙으로 만들어 무겁고 깨지기 쉬운 토기보다는 식물 줄기나 가죽으로 용기를 만들었습니다. 그러나 신석기시대에 농사를 짓고 가축을 기르며 정착 생활을 하면서 토기의 단점은 더 이상 큰 문제가 되지 않았습니다. 무엇보다도 토기는 곡물과 같은 작은 낱알이나 수분이 많은 죽 같은 음식을 담아 불 위에 올려놓고 조리할 수 있다는 큰 장점이 있었습니다. 또 주변에서 쉽게 재료를 구할 수 있고 원하는 형태로 자유롭게 만들 수 있었기에 토기가 널리 퍼지게 되었습니다.

▎빗살무늬토기를 만들다 ▎

신석기시대가 시작되는 무렵부터 토기 사용이 시작되어 이른민무늬토기를 비롯하여 겉면에 진흙띠를 붙여 장식을 한 덧띠무늬토기, 그릇의 입구 주변을 새기개로 눌러 무늬를 장식한 누른무늬토기 등이 제작되었습니다.

　빗살무늬토기는 바닥이 뾰족한 포탄 모양이고 토기 겉면은 점과 선으로 구성된 기하학적 문양으로 장식된 토기로, 한반도 신석기시대 토기를 대표합니다. 기원전 3,500년경 한반도 전 지역에서 확산된 빗살무늬토기는 얕은 구덩이를 판 노천요에서 약 700℃ 안팎의 온도로 소성되어 대체로 강도가 무르고 흡수성이 높은 편입니다. 빗

▲ 〈빗살무늬토기〉
서울특별시 암사동 출토
ⓒ국립중앙박물관

살무늬토기의 무늬는 제작 시기에 따라 변화를 보입니다. 이른 시기에 제작된 빗살무늬토기는 구연부, 몸통, 바닥 부분에 각기 다른 무늬를 새겼으나 점차 무늬가 축소되거나 생략되는 경향을 보이며 변화합니다.

　서울 암사동 집터 유적에서 출토된 빗살무늬토기는 한반도 신석기시대 토기를 대표합니다. 단순한 점과 선을 이용한 다양한 기하학적 무늬의 구체적인 의미는 알 수 없지만, 신석기인들의 세계관을 추상적으로 표현한 것으로 여겨집니다.

▲ 빗살무늬토기의 무늬

▎ 다양한 용도로 토기를 사용하다 ▎

신석기시대 토기는 실생활에서 음식을 저장, 조리, 운반하는 등 다양한 용도로 사용되었습니다. 청동기시대에는 더욱 다양한 모양과 기능의 토기가 제작되었고 초기 철기시대에는 시루가 사용되는 등 토기의 기능은 점점 더 분화되었습니다.

토기는 생활용뿐만 아니라 의례용으로도 사용되었으나 각각의 용도를 명확하게 구분하기란 어렵습니다. 대체로 생활용기는 그 형태나 내부에 남겨진 물질을 통해 구체적인 용도를 추정하고, 의례 용기는 출토된 장소나 특징을 통해 용도를 가늠합니다. 예를 들어 청동기시대 무덤에서 부장된 토기 중 붉은간토기는 매우 고운 흙을 사용하고 두께도 상당히 얇으며 표면에는 산화철 계통의 안료를 바르고 문질러서 붉은색 광택을 냈습니다. 출토된 위치나 장식으로 보아 붉은간토기는 주로 부장품으로 제작되었을 것으로 보입니다. 또한 초기 철기시대에 제작된 검은간토기는 흑연과 같은 광물질을 바르고 치밀하게 표면을 문질러 구운 토기로 검은색 광택이 도는 토기입니다. 주로 무덤에서 출토되어 죽은 자를 위해 제작된 특수 용기였던 것으로 추정됩니다. 그 밖에 높은 굽이 달린 굽접시나 표면에 여러 모양이 장식된 토기들도 일상생활보다는 의례에 사용되었던 토기로 보입니다.

▶ 〈붉은간토기〉
　경상남도 산청군 출토
　ⓒ국립중앙박물관

▶▶ 〈검은간토기〉
　경기도 성남시 출토
　ⓒ국립중앙박물관

무덤과 토기 청동기시대 무덤에는 돌을 고여 만든 고인돌, 일명 지석묘(支石墓)가 있습니다. 이들은 대략 기원전 1000년경부터 시작하는 한반도 청동기시대의 매장문화를 보여주고 있습니다. 고인돌은 유라시아 대륙에 널리 분포하는데, 한반도에는 10,000여 기의 많은 수가 확인되고 있습니다. 고인돌의 형태는 조금씩 다르지만, 주검 위에 돌을 얹어 무덤을 만들었다는 점에서 공통적입니다. 또한 석관(石棺)의 일종인 돌널무덤, 옹관(甕棺)을 사용하는 독무덤 등도 있었습니다. 대개 이러한 무덤들에서 돌화살촉, 돌칼, 붉은간토기 등의 부장품이 출토되었습니다.

바위에 그림을 새기다

신석기시대에서 청동기시대에 걸쳐 제작된 것으로 확인되는 암각화°들이 한반도에 상당수 전하고 있습니다. 암각화란 바위 표면을 쪼거나 긁어서 윤곽선이나 형태를 새겨내는 그림입니다. 가장 규모가 큰 반구대(盤龜臺) 암각화는 한반도의 남동쪽 울산시 태화강 상류의 지류 하천인 대곡천 절벽에 있습니다. 너비가 약 8미터, 높이가 약 5미터인 바위면에 고래, 호랑이, 표범, 사슴, 개 등의 동물, 배, 작살, 그물과 같은 도구와 사람, 커다란 사람 얼굴 등이 새겨져서 거대한 화면을 이루고 있습니다. 여러 종의 고래들과 새끼 고래들이 위로 오르는 듯한 형태는 역동적입니다. 특이한 점은 고래의 포경과 해체까지 고래잡이의 전체 과정을 보여준다는 점, 또한 하나의 화면에 해양동물, 육지동물과 사람이 모두 등장하는 파노라마를 보여준다는 점입니다. 반구대 암각화는 그 규모가 크고 내용도 풍부하다는 점에서 세계적인 가치를 가집니다.

    그런데 바위에 새겨진 그림이 얼마나 오래된 것인지 어떻게 알 수 있을까요? 암각화가 새겨진 전 세계의 문화적 흐름, 암각화에 새겨진 내용, 암각화를 새긴 도구 등 다각적 고찰로 판단합니다. 반구대 암각화는 1970년대에 학계에 소개되었습니다. 이곳의 지리적 특성이

암각화(岩刻畵)란°
바위 표면을 쪼거나 긁어서 선이나 면을 새겨 형태를 만드는 그림입니다. 암각화는 바위에 안료를 칠하여 그리는 암화(巖畵)와 구별됩니다.

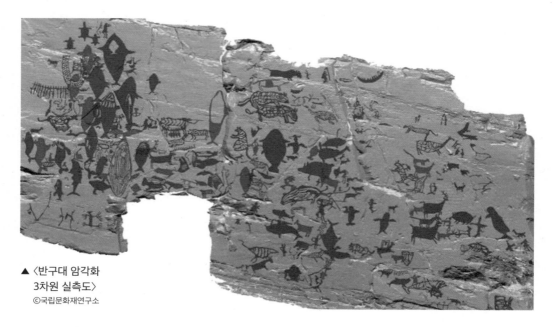

▲ 〈반구대 암각화
3차원 실측도〉
ⓒ국립문화재연구소

▲ 〈천전리 각석〉
ⓒ문화재청

연구되면서, 태화강의 물줄기가 바다로 이어져 있는 시절 고래잡이를 나가는 사람들의 의례적 장소였을 것이라 추정되고 있습니다.

태화강 물줄기의 상류에 해당하는 곳에는 천전리 각석이 있습니다. 반구대에 비하여 규모가 작고 내용이 단순합니다. 또한 천전리 각석에는 여러 시대를 거치며 거듭 새겨진 특색이 뚜렷합니다. 마름모, 동심원 등의 기하학적 문양과 약간의 사슴 문양이 선사시대에 새겨졌다면, 바위 아래 부분에 새겨진 기마행렬도와 배, 용, 글 등은 신라시대에 새겨졌습니다. 기하학적 문양의 의미는 선명하게 해독하기 어렵지만, 그 시절의 언어적 기호였을 것으로 추정합니다. 반구대 암각화와 함께 천전리 암각화도 당시 수렵 및 어로생활과 밀접한 종교의례의 흔적이었을 것으로 보입니다.

▌청동기시대와 철기시대의 토기가 발달하다 ▌

청동기시대에는 무늬가 약화된 토기가 주류를 이루면서, 무늬가 없는 민무늬토기와 흙으로 구연부에 띠를 붙여 장식한 덧띠무늬토기가 제작되었습니다. 토기의 형태가 다양해져서 예를 들어 목이 달린 항아리, 굽이 달린 접시, 손잡이가 달린 토기, 귀때가 달린 토기 등이 있고 크기도 다양해집니다. 이러한 변화는 그릇의 기능 및 음식물의 조리법에 변화가 있었음을 의미합니다. 초기 철기시대에 나타난 시루는 음식을 쪄서 익히는 새로운 조리법이 채택되었음을 알려줍니다.

▲ 〈민무늬토기 항아리〉
충청남도 부여군
출토(송국리 유적)

▌청동기시대, 금속공예가 시작되다 ▌

청동은 기본적으로 구리와 주석을 섞어 만들며 재질의 개선을 위해 납, 아연 등을 첨가합니다. 따라서 이러한 금속을 얻기 위해 광석의 채취가 가장 먼저 이루어져야 합니다. 청동제품은 각 광석을 녹여 얻은 용액들을 용도에 따라 일정한 비율로 섞은 후 거푸집에 부어 만듭니다. 거푸집에서 찍어낸 청동제품은 마지막으로 숫돌을 이용해 가장자리를 다듬어 날을 세우거나 모양을 내어 마무리합니다. 청동제품을 만드는 데에는 까다롭고 세심한 공정이 필요하기 때문에 구성원 모두가 가질 수 없고, 지배자가 소유하여 사용했을 것으로 여겨지고 있습니다.

▲ 〈덧띠토기 항아리〉
충청남도 부여군 출토
ⓒ국립중앙박물관

　　우리나라 청동기 문화는 크게 요령식 동검이 만들어진 시기와 한국식동검이 만들어진 시기의 문화로 나뉩니다. 한국식 동검문화는 기원전 5세기 무렵부터 청천강 이남 한반도를 중심으로 발전했던 청동기 문화로 청동기시대 후기 또는 이 시기부터 철기가 사용되었다고 해서 초기 철기시대라고도 합니다. 대표적인 청동기 유물

**팔주령(八珠鈴)
이란?**●

청동방울 중 하나로,
팔각으로 된 청동판의
모서리에 각각 한 개
씩 둥근 방울이 달려
있고 여덟 개의 방울
에는 각각 한 개의 청
동구슬이 있습니다. 팔
주령은 주술의식에 쓰
는 의례용 도구로 추
정됩니다.

**쌍두령(雙頭鈴)이
란?**●●

양 끝에 방울이 각각
달려 있는 아령 형태
의 청동방울입니다.
팔주령과 쌍두령 등
의 동령들은 한반도에
서만 출토되는 한국의
고유한 청동기입니다.

로는 날이 직선인 한국식 동검을 비롯해 무기류, 거울, 각종 방울류 등이 있습니다. 한국식 동검문화 단계에서는 이전 시기에 비해 청동기의 종류가 다양해지고 수적으로 풍부해지며 질적으로도 높은 수준을 보여줍니다.

한국식 동검문화를 대표하는 화순 대곡리 유적에서는 총 13점의 청동 유물이 발견되었습니다. 유적에서는 한국식 동검, 청동도끼, 청동새기개 외에 정교함의 극치를 보여주는 잔무늬거울, 팔주령●, 쌍두령●●이 함께 출토되었고 모두 국보로 지정되었습니다. 또 대전에서 출토되었다고 전해지는 농경문 청동기는 인물, 농기구, 경작지 등을 추상적인 선으로 묘사해 청동기시대 농경 관련 의례의 실상을 구체적으로 보여주는 유물이며, 농경과 관련된 제사의 의식용 도구로 여겨집니다.

▲ 〈화순 대곡리 유적 출토 유물 일괄, 한국식 동검, 청동도끼,
청동새기개, 잔무늬거울, 팔주령, 쌍두령〉

▲ 〈농경문 청동기〉 ©국립중앙박물관

화순 대곡리 유적에서 출토된 잔무늬거울(多鈕細文鏡) 청동기 제작 기술의 정점을 보여주는 유물이 잔무늬거울입니다. 1mm 폭 안에 2~3개의 가는 선으로 채워진 무늬가 삼각형을 이루고 있고, 동심원문도 장식되어 있습니다. 거울의 바깥쪽 부분을 보면 삼각형을 이루는 선무늬들이 마치 햇빛이 뻗어나가는 모양으로 배치되어 있어 전체적으로 태양을 표현한 것으로 추정됩니다. 잔무늬거울의 문양은 매우 정교하고 치밀하여 현대 과학으로도 복원에 실패할 만큼 제작 기법을 파악하기 어려웠습니다. 최근 보존처리 분석을 통해 대부분의 거푸집이 활석제로 만든 것과는 달리 잔무늬거울의 경우 주물사(가는 모래)로 만든 거푸집을 사용하여 정교한 기술로 제작할 수 있었던 사실이 밝혀졌습니다.

▲ 〈청동 잔무늬거울〉
화순 대곡리 출토

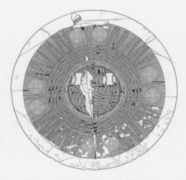

▲ 〈청동 잔무늬거울 도면〉 ©국립중앙박물관

감상해 봅시다

한반도에 인류가 살기 시작한 구석기시대부터 정착생활을 시작한 신석기시대와 이후 청동기시대까지, 선사시대의 다양한 유물들과 다채로운 이야기는 다음의 장소에 펼쳐져 있어요. 소개된 곳에 방문하여 유적과 유물을 실물로 직접 감상해보고 자세히 살펴보아요.

• **국립중앙박물관 상설전시실 선사·고대관** | 신석기·청동기시대 토기, 한국식 동검·청동방울·청동거울 등의 청동기

• **서울 암사동 유적** | 신석기시대 집터, 돌무지 시설, 빗살무늬토기

• **울산 암각화박물관** | 반구대 암각화와 천전리 암각화의 실물 모형, 관련 사진 및 영상, 조형물 등

• **부여 송국리 유적** | 청동기시대 집터, 돌널무덤, 독널무덤, 야철지, 민무늬토기, 비파형동검

제2강

남북조시대의
고분벽화

이런 것들을 배워 봅시다

무덤의 형태와 벽화의 표현 양식에서는 각 국가별 특징이 두드러지게 나타납니다. 고구려 고분벽화는 4세기에서 7세기에 걸쳐 지속적으로 그려졌으며, 일반적으로 세 단계로 나누어 시기 구분을 합니다. 백제와 신라의 고분벽화는 많은 수가 확인되지는 않지만, 현전하는 벽화에 백제인 특유의 미감과 신라의 신비한 이야기가 담겨 있습니다. 발해의 정효공주묘는 당시 당나라 문화를 적극적으로 수용하였던 양상을 보여줍니다.

• 고구려 고분벽화의 시기 구분은 어떻게 대별되는지 알아봅시다.
• 백제의 고분벽화는 고구려의 고분벽화와 어떤 점이 다를까요?
• 신라의 천마도와 발해의 고분벽화를 통해 각국의 역사·문화적 면모를 살펴봅시다.
• 고대인들이 무덤의 내부를 정성스러운 그림으로 채우고자 했던 이유는 무엇이었을지 생각해봅시다.

찾아가 봅시다

· 국립부여박물관(충청남도 부여군)
· 국립경주박물관(경상북도 경주시)
· 국립공주박물관(충청남도 공주시)
· 백제 능산리 고분군(충청남도 부여군)
· 백제 무령왕릉(충청남도 공주시)
· 신라 경주 천마총(경상북도 경주시)

357년 — 고구려 안악3호분 축조
408년 — 고구려 덕흥리고분
5세기 후반 — 고구려 장천1호분

돌방흙무덤(石室封土墳)이란?

반지하나 지면 가까이에 돌을 이용하여 무덤의 방(石室)을 만들고 흙으로 덮어 만든 무덤입니다.

모줄임천장이란?

천장의 사방 모서리에 삼각형 돌을 각각 얹어 천장 공간을 좁히기를 두 번 한 뒤 그 위에 뚜껑돌을 덮어 천장을 만드는 방식입니다. 혹은 '말각조정(抹角藻井)'이라고도 합니다. 이는 고구려 고분의 특징 중 하나로 지목되는 요소이며, 그 유래는 중앙아시아 및 중국의 산동지역입니다. 한반도에서는 안악3호분에 모줄임천장이 처음 등장하였다고 알려져 있습니다.

고구려 고분벽화, 기상을 발휘하다

한반도에 중앙집권적 정치형태를 가진 고대국가가 성장하면서 삼국시대가 열렸습니다. 고구려는 2세기경 고대왕국으로서의 면모를 갖추어 갔으며, 3세기와 4세기에 걸쳐 국토를 확장하면서 안정되었고, 이때부터 고구려 고분들이 조성되었던 것으로 보입니다. 고구려 고분들은 압록강, 대동강 유역에 분포합니다. 이는 고구려의 수도였던 졸본, 국내성, 평양 부근 지역입니다. 고구려 고분의 형태는 다양하지만 크게 구분하자면, 3세기에 주로 만들어진 돌무지무덤, 4세기부터 점차 많아지는 돌방흙무덤입니다. 돌방흙무덤의 돌방에는 벽화가 그려졌습니다. 회백색의 바탕색을 칠하고 그린 경우도 있고, 벽면에 직접 채색안료로 그린 경우도 있습니다.

고구려 고분벽화는 4세기에서 7세기에 걸쳐서 꾸준하게 그려졌으며, 일반적으로 다음의 세 단계로 구분됩니다. 전실, 측실, 그리고 죽은 자를 안치하는 현실(玄室)을 후실로 갖춘 구조의 무덤에 묘주의 초상 및 생활상 등이 다채롭게 그려지는 제1기, 전실과 현실로 축소된 규모에 불교적, 도교적 도상이 더해지는 특성이 나타나는 제2기, 현실만 남고 사신도(四神圖) 위주의 벽화가 그려지는 제3기입니다.

❶ 고구려의 무덤양식 첫 번째 시기, 무덤의 주인이 그려지다

제1기 고분으로는 357년에 만들어진 안악(安岳)3호분이 대표적입니

▼ 고구려 고분벽화 분포 지도

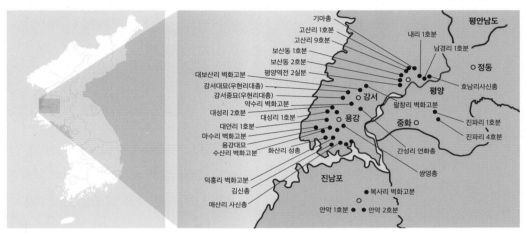

다. 안악3호분은 평양에서 대동강의 흐름을 따라 서쪽에 위치한 황해남도 안악에 있으며, 여러 방의 천장이 각각 모줄임천장❀❀으로 만들어져 있습니다. 여러 방 가득한 벽화들은 현전하는 고구려 고분들 가운데 가장 큰 규모를 보여줍니다. 묘주인의 초상화, 행렬도, 부엌의 요리 장면, 수레, 우물, 차고(車庫), 악대 등이 두루 그려져 있습니다.

안악3호분의 묘주에 대하여는 여러 가지 설이 있습니다. 무덤 내부의 명문❀❀❀에 336년 랴오둥(遼東)에서 고구려로 망명한 무장 동수(冬壽)가 소개되어 있고, 벽화고분 제작방식이 한나라와 위진(魏晉)대의 전통을 잘 보여주고 있다는 점에서 동수의 묘일 가능성이 매우 큽니다. 그렇지만, 안악3호분은 고구려 지역에서 제작되었고 그 지역의 구려의 생활 장면을 반영하고 있는 고구려 벽화입니다. 안악3호분에 그려져 있는 여러 가지 벽화 내용 중 측실의 벽에 그려

명문(銘文)이란?❀❀❀
돌이나 금속 등에 새긴 글자를 말합니다. 고분의 벽에 붓글씨로 새긴 글자를 묵서명(墨書銘)이라고도 부르는데, 안악3호분의 명문은 묵서명으로 되어 있습니다.

▶ 〈안악3호분 부엌 장면〉
©동북아역사재단

진 부엌 장면은 요리를 하는 여인, 아궁이에 불을 지피는 여인, 그 곁에서 정리를 하고 있는 여인 등 세 명의 모습이 사실적으로 표현되어 있습니다. 이들의 신체 크기가 다른 것은 위계를 보여주기 위한 고대회화의 표현법으로 파악됩니다. 여인들 앞의 공간에는 수렵해온 동물들 여러 마리가 걸려 있으며 개 두 마리가 서성이고 있습니다. 우물가에는 다양한 토기들이 즐비하고 있어, 당시의 생활상을 잘 보여주고 있습니다.

❷ 고구려의 무덤양식 두 번째 시기, 불교와 도교적 도상이 등장하다

제2기 고분으로는 5세기 후반에 만들어진 중국 지린성(吉林省)의 장천(長川) 1호분을 예로 들 수 있습니다. 묘주 초상, 각종 유희 장면 등이 다양한 가운데 묘주부부가 예불하는 장면이 있습니다. 이 장면에 그려져 있는 좌상 불상에 대하여는 다음 장의 불교미술에서 다시 살펴볼 것입니다. 연꽃에서 사람이 태어나는 연화화생*도 그려져 있어, 사후에 대한 불교적 내세관을 표현하고 있습니다. 또한 사신도와 기린, 일월상 등 도교적 요소들도 함께 그려져 있어 당시의 종교적 사유가 복합적이었음을 보여줍니다.

연화화생(蓮花化生) 이란?*

연꽃이 피는 모습을 일러 말하며, 극락(極樂) 세계의 연꽃에서 만물이 신비롭게 탄생한다는 불교의 생성관(生成觀)을 담고 있습니다.

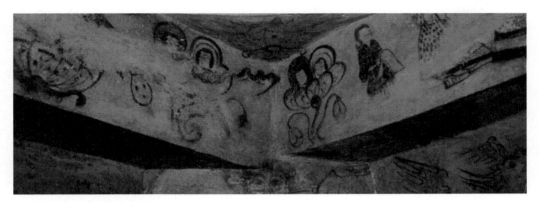

▲ 〈장천1호분 연화화생도〉ⓒ남북저작권센터

상상의 동물, 기린 기린은 고대 전설에서 등장하는 상상의 동물입니다. 수컷을 기(麒), 암컷을 린(麟)으로 구분합니다. 용과 더불어 신화적 동물 중에서 항상 성스러운 짐승으로 여겨졌습니다. 성인(聖人)이 태어날 때에 미리 그의 탄생을 알리기 위해 나타난다고도 전해집니다. 또한 꽃과 풀도 밟지 않기에 어진 동물(仁獸)이라고도 불리었습니다. 일반적으로 머리에는 한 개의 뿔이 나 있으며, 사슴의 몸에 소의 꼬리와 말의 발굽을 가졌습니다. 네 발굽에는 구름이 피어나듯 하얀 갈기가 돋아나 있는 경우도 있습니다. 『설문해자(說文解字)』에 그 묘사가 상세하게 기재되어 전합니다. 뿔은 한 개만 솟은 일각수(一角獸)이고 그 뿔 끝에 살이 보인다고 기록되어 있는데, 안악1호분과 무용총에 전하는 당시의 기린 표현을 자세히 살피면 기록과 같이 하나의 뿔에 그 끝이 뭉툭하게 표현되어 있는 것을 확인할 수 있습니다.

▲ 안악1호분 기린도 ⓒ남북저작권센터

▲ 무용총 기린도 ⓒ남북저작권센터

❸ 고구려의 무덤양식 세 번째 시기, 사신도가 표현되다

제3기 고분 중에 강서대묘(江西大墓)의 현실 네 벽에 그려진 사신도(四神圖)가 생동감 넘치는 필선과 선명한 색채 표현을 보여주고 있다는 점에서 유명합니다. 청룡과 백호의 날렵한 움직임, 선명한 색채감에 친근한 얼굴 표정, 현무를 표현하는 유려한 선이 모두 기운차고 또한 율동감이 넘칩니다.

　　사신의 모습을 구체적으로 살피면 다음과 같습니다. 첫 번째로 청룡은 포효하듯 입을 크게 벌리고 붉은 기운을 뿜고 있습니다. S자형으로 흘러내린 목선과 몸통 부분에는 청색, 녹색, 적색을 번갈아 칠했습니다. 온몸은 비늘로 덮여 있으며, 화염이 타오르듯 두 날개가 표현되어 있습니다. 두 번째 백호는 뾰족한 송곳니를 드러내며 입을 크게 벌리고 있습니다. 청룡과 동일하게 S자형의 목선, 힘껏 벌린 네 다리, 하늘을 향해 뻗친 꼬리는 역동적이고 힘찬 기세를 나타냅니다. 몸은 새하얗게 칠해져 있으며 호랑이 특유의 줄무늬가 그려져 있습니다. 세 번째 주작은 좌우로 힘차게 펼친 날개, 회오리치듯 말아 올라간 꼬리, 부리에서 뿜어져 나오는 영기(靈氣)가 표현되어 있습니다. 몸 전체에는 적색을 다채롭게 칠했으며, 녹색도 일부 칠했습니다. 주작의 발 아래로 그려진 산악도(山岳圖)는 주작이

▼ 〈청룡도〉
　　ⓒ동북아역사재단

▼▶ 〈백호도〉
　　ⓒ동북아역사재단

하늘 높이 날고 있음을 보여줍니다. 네 번째 현무는 거북이와 뱀의 한 몸으로 이루어져 있습니다. 거북의 단단한 등껍질을 뱀이 휘감고 있으며, 거북과 뱀의 두 얼굴은 서로를 마주보며 포효하고 있는 모습입니다. 현무의 네 다리는 청룡과 백호처럼 역동적으로 표현되어 있습니다.

고구려의 무덤 벽화를 통하여 우리는 당시의 생활, 종교 및 외래문화의 유입 양상 나아가 국력과의 관련성 등을 두루 살펴볼 수 있습니다. 장수왕의 재위기간(412~491)에 제작된 벽화가 많은 점은 고분 제작의 정치·경제적 배경을 설명할 수 있습니다. 그런데 고구려 사람들이 무덤 내부를 정성스런 그림으로 채우고자 했던 이유는 무엇이었을까요? 그것은 선조에 대한 예우이자 장례 의례의 형식이기도 했지만, 죽은 이의 공간을 꾸며서 위로하고 보호해주는 내용을 그림으로써 후손들의 복을 구할 수 있다고 믿었기 때문이었습니다. 제1기에 해당하는 덕흥리 벽화에 적혀 있는 묘지명(408년) 중에 이러한 문장이 있습니다. "자자손손 좋은 자리에 오르고 번성하여 이 무덤을 찾는 이가 끊이지 않기를 바랍니다."

◀▼ 〈주작도〉
ⓒ동북아역사재단
▼ 〈현무도〉
ⓒ동북아역사재단

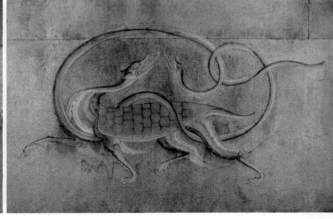

고분(古墳, 고대의 무덤) 형태는 어떻게 구분될까요? 고대 무덤의 형태를 보면, 땅을 판 구덩이로 만든 '움무덤[土壙墓]', 돌을 깎아 덧널[관]로 삼은 '돌덧널무덤[石槨墓]', 돌을 쌓아 만든 '돌무지무덤[積石塚]', 흙으로 쌓아 만든 '흙무덤[封土墳]', 독널[항아리]로 만든 '독널무덤'(항아리무덤: 甕棺墓), 벽돌을 쌓아 만든 '벽돌무덤' 등 다양합니다. '돌방[石室]'이 만들어지는가, 죽은 자를 넣는 널[棺] 혹은 덧널[槨]의 형식이 있는가를 고려하여 무덤 형태의 명칭에 추가하기도 합니다. 이 외에 무덤 내부 구조, 천장을 만드는 방식 등이 무덤의 특징을 설명하는 요소가 됩니다. 무덤의 형태는 고대 문화의 속성과 흐름을 살피는 관건입니다. 예컨대 백제의 무덤으로 국보와 보물이 가득한 무령왕릉은 벽돌무덤입니다. 이 벽돌무덤은 남조 양(梁)나라의 무덤양식과 유사하며, 백제의 이전 형태인 돌방무덤과 다릅니다. 이를 통하여 무령왕 시기에 양나라 문화의 수용을 파악할 수 있습니다.

▶ 무령왕릉 내부 ⓒ문화재청

▍백제 고분벽화, 백제의 미감을 담다 ▍

백제는 고구려 계통의 부여 유민세력과 한강 유역의 토착 세력이 결합하면서 만들어진 국가로, 3세기에 중앙집권적 정치체제가 갖추어졌습니다. 백제의 도읍지는 위례성(현재의 서울지역)이었는데 5세기 말에 웅진(현재의 공주)으로 옮기고 6세기 전반기에 사비(지금의 부여)로 옮겼습니다. 이와 함께 백제의 고분은 도읍지들을 중심으로 다양한 형태로 축조되어 분포되고 있다는 특성이 있습니다. 도읍지였던 공주와 부여에서는 대체로 돌무지무덤에서 돌방무덤으로 변하였고, 지방에서는 흙무덤, 돌덧널무덤, 독무덤 따위에서 돌방무덤으로 발달하였으며, 무령왕릉과 같이 중국식 벽돌무덤들도 있습니다. 그런데 고분 내 벽화가 그려진 예는 흔하지 않습니다. 공주의 송산리6호

능산리1호분의 백호도 능산리 고분군은 사비 도성의 동쪽 바깥에 위치합니다. 모두 7기의 고분이 조성되어 있으며, 사비 시기의 백제 왕과 왕비의 왕릉으로 추정됩니다. 고분군 중 동쪽 아래에 있는 동하총(東下塚)에 사신도 벽화가 있습니다. 벽면에 회반죽을 발라 하얀 바탕을 마련하고 화려한 색채로 사신을 그렸습니다. 서벽에 그려진 백호는 고구려 강서대묘 사신도의 백호와 비교해 보면, S자형의 몸통·새하얀 몸과 호랑이 특유의 줄무늬·화염모양의 날개·하늘로 치솟은 꼬리 등이 공통적으로 표현되어 있지만, 둥근 코와 뭉뚝한 송곳니 표현에는 주로 곡선이 사용되어 부드럽고 차분한 분위기를 형성하고 있습니다. 백호의 몸체 위 가운데에는 황색의 둥근 원이 그려져 있는데, 이는 달을 상징하는 두꺼비(月像)로 알려져 있습니다. 백호와 두꺼비가 함께 그려진 예는 고구려의 약수리 고분벽화에서도 확인됩니다.

◀〈능산리고분 백호도〉
©국립부여박물관

분, 부여의 능산리1호분에서 벽면의 사신도와 천정의 연꽃 그림을 볼 수 있는 정도입니다. 이들 벽화의 내용은 고구려 고분벽화의 영향을 반영하고 있지만, 고구려의 율동감과는 구별되는 차분한 분위기를 보여주고 있습니다.

▌신라 천마도, 신라의 신비를 그리다 ▌

신라는 고구려와 백제에 비하여 정치체제의 구축이 늦었으며, 고대 국가의 형태를 온전하게 갖추지 못하였습니다. 신라의 무덤은 나무 덧널 위에 돌을 쌓고 흙을 덮어 만든 돌무지덧널무덤이 주를 이루었습니다. 이러한 무덤 구조에서는 돌방의 형태가 마련되지 않기에

▲ 〈경주 천마총 장니천마도(慶州天馬塚障泥天馬圖)〉
ⓒ문화재청

벽화의 발달은 거의 이루어지지 않았습니다.

　1973년 경주의 한 고분에서 발견된 말안장의 그림 〈천마도〉가
신라 회화의 수준을 보여주는 귀한 자료입니다. 〈천마도〉가 그려진
말안장은 말의 배 양쪽으로 길게 늘어뜨리는 가죽판입니다. 이 판은
기마자의 옷에 진흙이 튀지 않도록 하는 장치여서, 장니(障泥)라고
불립니다. 장니의 〈천마도〉가 출토된 무덤 이름은 '천마총'입니다.

　〈천마도〉에 그려진 흰 말은 갈기털과 꼬리털을 휘날리며 구름
위를 달리는 자태가 우아하고 그 움직임에는 생동감이 넘칩니다. 인
동당초문으로 두른 화면 중앙에 백마 한 마리가 날듯이 달리고 있
는 이 그림의 구도는 신비한 느낌을 줍니다. 그 의미는 알 수 없지
만, 박혁거세 신화와 같은 신라의 신화 혹은 말 신앙의 의례 행사
와 연관지어 설명되기도 합니다. 혹은 이 그림 속 동물이 말이 아니
라 기린일 가능성이 제기된 바도 있습니다.

발해 고분벽화, 문화의 융합을 보여주다

7세기 말 고구려의 후손이 건국한 발해(渤海)는 처음에 당나라와 대립하였으나 제3대 문왕(文王, 재위 737-793) 때에는 당나라 문물과 제도를 받아들이고 신라, 일본과 교역하면서 정치적, 경제적 발전을 이루었습니다. 당시 발해의 문화적 면모를 살필 수 있는 고분으로 정효공주묘가 대표적입니다. 정효공주(貞孝公主, 757-792)는 문왕의 넷째 딸입니다. 정효공주와 그녀의 남편이 안치된 정효공주묘는 중국 길림성 용두산에 위치하고 있으며, 당나라식 벽돌무덤과 고구려식 모줄임천장이 결합된 특징을 보여줍니다. 정효공주묘에서는 당나라식 장신구들도 출토되어, 당시 발해가 당나라 문화를 적극적으로 수용하였던 양상을 살필 수 있습니다. 무덤 안 묘비에는 발해 왕실의 중국역사에 대한 이해와 유학적 지식이 적혀 있고, 널방과 널길의 벽에 그려진 벽화에는 발해인의 모습이 그려져 있습니다. 벽화에 그려진 인물은 모두 12명으로 무사(武士), 시위(侍衛)*, 내시(內侍)** 및 음악을 연주하는 인물들입니다. 그림 속 인물의 뺨이 둥근 것은 당나라 화풍의 반영으로 보이지만, 평면적 공간구성에 생동감 있는 선의 표현은 고구려의 전통을 보여주고 있습니다.

시위(侍衛)란?*
임금과 왕의 가족을 호위(護衛)하는 군사를 말합니다.

내시(內侍)란?**
임금과 왕의 가족의 곁에서 밤낮없이 시종하는 관원을 말합니다.

◀〈정효공주묘 시위도〉
ⓒ동북아역사재단

감상해 봅시다

고구려, 백제, 신라, 발해는 한반도의 고대국가로 중앙집권적 정치형태를 구축했습니다. 각국의 고분에 전하는 벽화는 고대 미술문화의 일면을 현대인들에게 보여주는 중요 문화유산입니다. 무덤의 형태와 벽화의 표현 양식에서는 각 국가별 특징이 두드러지게 나타납니다. 고대문화의 보존과 연구를 위해 고분관련 자료와 많은 벽화들은 박물관뿐만 아니라 온라인상에서도 공개되어 있습니다. 아래의 내용을 참고하여 고대국가의 고분과 벽화를 직접 감상해보아요.

• 부여 세계유산 사이버투어
http://www.buyeo.go.kr/html/
heritage/cybe(백제 능산리 고분군
가상체험)

• 고구려 고분벽화 3D 가상전시관
http://contents.nahf.or.kr/
goguryeo/mobile/htm(안악3호분,
강서대묘, 덕흥리고분 등의 벽화)

제3강

고구려, 백제, 신라의 불교미술

이런 것들을 배워 봅시다

삼국에 불교가 뿌리를 내리면서 불교미술의 역사도 본격적으로 시작되었습니다. 고구려, 백제, 신라는 다양한 불상을 통해 각각의 특색있는 조형미를 보여줍니다. 각 나라의 불교미술 전통과 이후 동아시아에 유행한 새로운 국제 양식은 통일신라 시대에 등장한 조화와 균형의 불교미술의 밑바탕이 되었습니다.

- 불상에서 나타나는 고구려, 백제, 신라 삼국의 특색은 무엇인지 생각해봅시다.
- 7세기 이후 동아시아에 유행한 국제 양식의 특징에 대해 알아보고 같은 시기 중국, 일본의 불교미술과 비교해봅시다.

찾아가 봅시다

- 국립중앙박물관 불교 조각실
  (서울특별시 용산구)
- 국립경주박물관
  (경상북도 경주시)
- 국립공주박물관
  (충청남도 공주시)
- 석굴암과 불국사
  (경상북도 경주시)

5세기후반	539년	6-7세기
장천1호분 예불도 소형 불상 등장	연가 7년명 금동불입상	반가사유상 유행

대좌(臺座)란?

불상(佛像)을 안치하기 위한 받침대입니다. 그중 연꽃을 본뜬 연화좌, 수미산(須彌山)을 상징한 수미좌(須彌座), 불상의 옷자락을 길게 늘어뜨려진 상현좌(裳縣座) 등이 대표적입니다.

광배(光背)란?

그림이나 조각에서 인물의 성스러움을 나타내기 위해 머리나 등 뒤에서 나는 빛을 표현한 것입니다. 부처의 몸에서 나오는 빛을 형상화한 것으로 머리의 두광(頭光), 몸의 신광(身光), 두광과 신광을 포함해 몸 전체를 감싸는 전신광(全身光)으로 나눌 수 있습니다. 대개 그 모양은 원형·이중원형·타원형·주형(舟形)·보주형(寶珠形)이며, 그 내부에 불꽃무늬·불꽃무늬·덩쿨무늬·보상화(寶相華) 무늬 등이 새겨집니다.

▌ 불교미술이 시작되다 ▌

고구려와 백제는 4세기, 신라는 6세기에 불교를 공인했지만, 불교 신앙은 이미 그 전부터 한반도에 뿌리를 내리고 있었습니다. 미술에도 그 흔적이 나타나기 시작했는데, 고구려 고분벽화에 보이는 불교적인 요소는 그 시작점이라고 할 수 있습니다.

집안에 위치한 고구려 고분인 장천1호분에는 불상을 예배하는 모습을 담은 벽화가 있습니다. 중앙의 인물은 높은 3단 대좌˚ 위 커다란 광배˚˚ 앞에서 두 손을 배 앞에 가지런히 모으고 있으며, 붉은 옷을 입고 검은 모자를 쓰고 있습니다. 우리에게 익숙한 부처의 모습과는 거리가 멀지만, 이 인물은 당시의 불상을 나타낸 것입니다. 불상의 옆에는 두 명의 인물이 엎드려 절을 하고 있습니다. 5세기경 고구려 고분벽화에는 무덤 주인의 일상생활을 담은 장면이 주로 그려졌는데, 불상을 예배하는 것은 그중 한 장면이었습니다. 이 밖에도 다른 고구려 고분인 무용총과 쌍영총의 벽화에는 승려의 모습이 그려졌습니다. 5세기 즈음 불교는 이미 사람들의 삶 속에 깊숙이 들어와 있었습니다.

▌ 불상이 등장하다 ▌

5세기 이후 부처의 모습을 조각으로 나타낸 소형 불상이 등장합니

676년
삼국통일

719년
감산사 석조불상
제작

751년
경주 석굴암
축조

858년
장흥 보림사
철조 비로자나불상 제작

▲ 〈장천1호분 예불도〉, 5세기 ⓒ남북저작권센터

선정인(禪定印)
이란?°

불성을 깨닫기 위해
참선(參禪)에 들었을
때 부처가 이루는 손
모양(手印)입니다. 결
가부좌한 자세에서 왼
손과 오른손을 포개어
놓습니다.

육계(肉髻)란?°°
부처의 정수리 위에
머리뼈가 일부 솟아나
저절로 상투 모양이
된 것입니다.

다. 우리나라에 현전하는 가장 이른 시기의 불상인 뚝섬 출토 금동
불좌상은 대좌에 앉아 두 손을 앞으로 모은 선정인°을 결한 모습을
하고 있습니다. 머리 위에 봉긋 솟은 육계°°와 U자가 반복적으로
나타나는 옷주름이 강조되었는데, 이는 부처의 상임을 나타내기 위
해 부처의 가장 대표적인 도상적 특징을 강조한 결과입니다. 이런
모습은 3~4세기 중국의 초기 불상과도 매우 유사합니다.

한편 커다란 광배가 있는 소형 불입상도 초기 불상의 또 다른
유형입니다. 대표적인 예가 연가(延嘉) 7년명 금동불입상입니다. 연
꽃 모양 대좌 위에 선 부처가 옷자락이 양쪽으로 뻗치고 소매가 넓
은 옷을 입고 있습니다. 이 차림새는 중국식 복장을 묘사한 것입

더 알아봅시다

수인(手印) 부처나 보살이 취하는 독특한 손 모양을 수인이라고 합니다. '인(印)', '인상(印相)', '밀인(密印)' 등의 다양한 명칭으로도 불립니다. 부처와 보살의 진리나 공덕을 상징적으로 표현한 것이기 때문에 불상의 존명이나 불상이 표현하는 장면을 밝히는 데 중요한 단서가 됩니다. 예를 들어 항마촉지인(降魔觸地印)을 취한 부처는 석가모니 부처인 경우가 많습니다.

◀◀◀ 〈선정인〉
◀◀ 〈시무외인·여원인〉
◀ 〈항마촉지인〉

▲ 〈뚝섬 출토 금동불좌상〉　▲ 〈연가 7년명 금동불입상〉
　　5세기 ⓒ국립중앙박물관　　　539년 ⓒ문화재청

니다. 북위 시대(北魏, 386-534) 이래 중국에서는 인도식이 아닌 중국식 의복을 갖춘 불상이 등장하게 되는데, 한국의 불상에도 그 영향이 나타나는 것입니다. 광배 뒷면에는 이 상이 고구려의 승려와 신도들이 함께 공양하여 제작한 1,000구의 불상 중 하나라는 기록이 남아있습니다.

▌불상에 삼국의 특색이 나타나다 ▌

커다란 바위면에 부처와 보살의 모습을 새긴 것을 마애불이라고 합니다. 한국에서 마애불은 6세기 후반부터 등장하는데, 서산의 마애삼존불은 백제 지역에서 제작된 대표적인 마애불입니다. 서산 마애삼존불은 가운데의 부처를 중심으로 양옆의 협시보살로 구성되었습니다. 일반적으로 삼존불에서 두 협시보살은 대칭적으로 묘사되는데, 서산 마애삼존불은 독특하게도 한 쪽은 입상, 다른 쪽은 의자 위에 앉아 있는 반가사유상인으로 비대칭적인 조합입니다. 삼존불의 신체는 선각°에 가까울 정도로 얇게 새겨진 반면 얼굴은 비교적 입체적으로 표현되었습니다. 중앙의 불상은 다른 불상에서 찾아보기 어려운, 부드럽고 따뜻한 미소를 띠고 있어 '백제의 미소'라는 별명을 얻었습니다.

　구리로 주조°°한 뒤 그 위에 금박을 입힌 소형 금동상도 꾸준히 제작되었습니다. 특히 가늘고 늘씬한 신체의 보살상이 백제와 신라 지역에서 다수 발견되었습니다. 7세기경 제작된 이 보살상들은 화려한 장신구를 걸치고 보관을 쓰고 있습니다. 한쪽 다리에 힘을 뺀 듯한 느슨하고 자연스러운 자세를 취하기도 합니다. 부처 혹은 보살임을 나타내기 위해 도상적 특징을 강조하던 것에서 한 걸음 더 나아가 대상의 신체 균형과 조형적인 아름다움까지 고려하게 된 것입니다.

선각이란?°
선으로 새긴 그림이나 무늬를 일러 말합니다.

주조란?°°
거푸집이라 하여 만들려는 물건의 모양대로 속이 비어 빈 틀에 녹인 쇠를 부어 만드는 제작 방식입니다.

◀▼〈서산 용현리 마애삼존불〉
ⓒ문화재청

▼〈금동보살입상〉
공주 의당 출토,
ⓒ문화재청

부처와 보살의 도상 불교에서 부처(Buddha)는 깨달음을 얻어 윤회의 굴레에서 벗어난 이를 칭하는 말이고, 보살(Bodhisattva)은 깨달음을 얻을 수 있으나 중생을 구제하기 위해 스스로 부처가 되는 것을 잠시 미룬 이를 말합니다. 불교미술에서 부처와 보살은 시각적으로 구별됩니다. 부처는 머리 위에 볼록 솟아난 지혜의 상징인 육계, 눈썹 사이에 난 흰 털인 백호(白毫), 길게 늘어진 귀, 고대 인도 수행자의 복장에서 유래한 장식 없는 수수한 복장 등을 특징으로 합니다. 반면 보살은 화려한 복장과 장신구, 보관 등을 갖춘 아름답고 이상적인 모습으로 묘사되는데, 이는 고대 인도의 귀족이나 왕자의 차림새에서 유래한 모습으로 추정됩니다.

▌ 반가사유상, 시대를 대표하다 ▌

▲ 〈반가사유상〉, 7세기
ⓒ문화재청

반가사유상(半跏思惟像)은 대좌 위에 앉아 오른쪽 다리를 왼쪽 위에 얹고 오른손가락을 뺨에 살짝 갖다 댄, 생각에 잠긴 자세를 한 보살상을 이릅니다. 이는 인간의 생로병사를 목격한 후 고민에 빠져 명상을 하는 싯다르타 태자의 모습에서 따온 도상이지만, 고대 한반도에서는 미래불의 전신인 미륵보살로 인식하는 경우가 많았습니다.

반가사유상이 유행한 것은 6~7세기인데, 현재 남아 있는 여러 반가사유상 중에서도 국보 78호 반가사유상과 83호 반가사유상은 균형 있는 신체 비례와 자연스러운 옷주름, 은은한 미소를 띤 표정 등 정교하고 수준 높은 주조 기술을 보여주어 삼국시대 불교 조각상을 대표하는 걸작이라 할 만합니다. 다만 두 반가사유상은 모두 출토지가 알려지지 않아 어느 나라에서 제작된 상인지가 불명입니다. 대개 신라가 아니면 백제라고 판단하지만, 제작지 문제는 앞으로 해결해야 할 과제입니다. 국보 83호상은 일본 교토 고류지(廣隆寺)의 반가사유상과 조형적으로 상당히 유사하여 양국 문화 교류의 근거로 주목받았습니다.

일본 고류지 반가사유상 일본 교토의 오래된 사찰 고류지에는 우리나라의 국보 83호 반가사유상과 매우 비슷하게 생긴 반가사유상이 전해지고 있습니다. 재질만 다를 뿐 두 상은 세 개의 산 모양을 한 삼산관, 상체의 윤곽이 그대로 드러나는 옷차림, 은은한 미소를 띤 얼굴 표정 등이 매우 유사하여 마치 한 사람이 만든 것으로 보일 정도입니다. 고류지의 반가사유상이 다른 일본의 목조불상과 달리 한반도에서만 자라는 소나무인 적송(赤松)으로 만들어졌다는 것이 밝혀지면서 한반도에서 제작된 후 일본으로 건너간 것으로 추정하고 있습니다.

▶〈일본 고류지 반가사유상〉

▌통일신라 불상, 자연주의적 조형감을 보여주다 ▌

676년 신라가 삼국을 통일하면서 한반도는 북쪽의 발해와 남쪽의 신라로 이루어진 남북국시대에 접어들었습니다. 통일 직후 신라는 경주를 중심으로 한 국가적 차원의 불사(佛事)를 통해 부처님의 힘을 빌어 나라를 지키고자 하였습니다. 당의 침략을 물리치기 위해 지은 호국사찰 사천왕사와 나라를 지키고자 한 문무왕의 명으로 지은 감은사가 그 예입니다.

　　사천왕사지에서 발굴된 신장상° 부조와 감은사지 탑에서 나온 사리함은 통일신라의 호국불교사상을 드러내는 동시에 삼국시대 미술과는 다른 조형성을 보여줍니다. 통일 후 신라의 불교미술은 중국 당나라로부터 들어온 새로운 자연주의적 조형 요소를 차츰 받

신장상(神將像) 이란?°

불교 수호신의 모습을 일러 신장상이라고 합니다. 갑옷을 입고 무기를 들고 있는 모습으로 주로 표현됩니다.

전법륜인이란?

부처가 설법할 때 이루는 손 모양입니다. 전법륜(轉法輪)은 진리의 수레바퀴를 굴린다는 뜻을 의미합니다. 양손의 엄지손가락과 검지손가락을 각각 서로 맞대 동그란 바퀴 모양을 만들고 왼손바닥은 하늘로 향하고 오른손바닥을 밖으로 향하게 합니다. 혹은 손가락으로 만든 바퀴를 교차하기도 합니다.

아들이기 시작했습니다. 그 결과 신장상 부조나 사리함의 네 면에 부착된 사천왕상에서는 이전에 보지 못했던 인체 비례에 대한 관심과 풍만한 양감이 나타납니다.

경주의 인공호수인 안압지에서 발굴된 금동판삼존불좌상 역시 통통한 얼굴에 풍만한 신체 표현이 돋보입니다. 설법을 의미하는 수인인 전법륜인(轉法輪印)을 결한 삼존불좌상 형식인데, 이는 인도 굽타에서 시작되어 7~8세기 동아시아 삼국에 널리 유행한 도상이었습니다. 불교문화 교류를 통해 새로운 조형성뿐 아니라 새로운 도상도 전파되었음을 보여줍니다.

▲ 〈감은사지 서삼층석탑 사리함〉, 7세기
ⓒ국립중앙박물관

▎통일신라 불교미술, 동아시아적 국제성을 보여주다 ▎

여러 나라의 교류가 활발해지는 7-8세기는 동아시아 불교미술이 가장 개방적이고 국제적인 성격을 보이던 시기입니다. 당시 정치적 안정을 이룬 통일신라에서는 불교문화가 어느 때보다도 활기를 띠었고, 불상 주조 기술도 크게 발전했습니다. 이 시기 불교미술에 나타나는 유기적인 인체의 묘사, 양감을 강조한 조각, 삼존불 형식 등은 동시대 중국과 일본의 불교미술에도 공통적으로 나타나는 특징입니다. 통일신라의 장인들은 삼국시대의 전통 위에 당나라로부터 새로운 조형 요소들을 수용함으로써 동아시아의 불교미술의 국제적인 흐름에 동참한 것입니다.

사천왕사지의 신장상과 감은사지 사리함의 사천왕상에 보이는 양식적 특징은 바로 이 국제적인 흐름의 일면입니다. 그리고 이

흐름은 8세기에 이르러 감산사지 출토 불상과 보살상에서 더욱 꽃피었습니다. 이 두 상의 광배 뒷면에는 명문이 있어 719년 김지성이 발원하여 제작한 미륵보살상과 아미타불상임을 알 수 있습니다. 이 중 미륵보살상은 신체의 윤곽이 드러나는 얇은 천의를 입고 화려한 장신구를 걸친 모습입니다. 한쪽 다리에 힘을 살짝 뺀 여유로운 자세와 균형 잡히고 통통한 신체 묘사가 돋보입니다. 아미타불상은 U자가 상체와 두 다리에 반복적으로

▲ (좌)〈감산사 석조미륵보살입상〉, (우)〈석조아미타불입상〉, 719년
ⓒ국립중앙박물관

나타나는 독특한 옷주름 표현이 눈에 띄는데, 이는 인도 굽타시대 (240-550)의 불상 형식이 중국을 거쳐 한반도로 유입된 흔적입니다.

더 알아봅시다

사천왕(四天王) 불교에서 세계의 동서남북 사방을 지키고 불법을 수호하며 불도를 닦는 사람들을 보호하는 신입니다. 사대천왕(四大天王), 호세사천왕(護世四天王)이라고도 부릅니다. 사천왕은 욕계의 6천 중 가장 아래이며 수미산 중턱에 걸쳐 있는 사왕천(四王天)에 존재합니다. 동쪽을 지키는 신은 지국천왕(持國天王), 남쪽을 지키는 신은 증장천왕(增長天王), 서쪽을 지키는 신은 광목천왕(廣目天王), 북쪽을 지키는 신은 다문천왕(多聞天王)입니다. 이들이 지키는 사왕천 바로 위에는 제석천의 도리천(忉利天)이 위치합니다.

▌ 석굴암의 불상, 조화와 균형을 완성하다 ▌

석굴암은 경주 토함산에 지은 인공 석굴로, 통일신라 불교미술의 백미(白眉)입니다. 751년에 재상 김대성(金大城, 700~774)의 발원으로 축조한 것입니다. 네모난 전실과 둥근 주실이 결합한 석굴암의 전방후원(前方後圓)형 구조는 한반도는 물론, 다른 동아시아 국가에서도 찾아보기 어려운 독특한 형태입니다. 돌을 쌓아 돔형으로 축조한 원형 주실의 천장은 당시의 뛰어난 건축기술을 보여줍니다.

주실의 중앙에는 본존인 석조불좌상이 앉아 있습니다. 불좌상을 중심으로 다양한 불교 신들이 벽면에 부조로 조각되었습니다. 석굴의 가장 바깥쪽에 해당하는 방형 전실에는 가장 낮은 계위의 신인 팔부중이 위치하고 불좌상이 위치한 원형 주실로 들어갈수록 높은 계위의 신이 등장하는 위계적 구조를 보여줍니다. 불좌상은 한쪽 어깨를 드러낸 옷차림에 석가모니불이 마군을 물리치는 장면을 의미하는 항마촉지인(降魔觸地印)을 결하고 있습니다. 그러나 이 불좌상이 어떤 부처인지에 대한 문제는 지금까지도 해결되지 않은 연구과제입니다.

▶ 〈석굴암 내부〉, 751년
　ⓒ문화재청

불국사 불국사(佛國寺)는 김대성이 세운 경주 토함산의 절입니다. 부처가 다스리는 불국토를 건축적으로 재현한 아름다운 사찰입니다. 『삼국유사(三國遺事)』에 따르면 김대성이 전생의 부모님을 위해 석굴암을, 현생의 부모님을 위해 불국사를 지었다고 합니다. 지금의 불국사는 대부분 전란을 거치며 훼손된 것을 조선 후기에 재건한 것이지만, 속세와 부처의 세계를 연결해 주는 역할을 하는 청운교와 백운교, 마당에 나란히 서 있는 석가탑과 다보탑은 오랜 세월을 뛰어넘은 통일신라 불교 건축의 정교함을 보여줍니다.

▲ 불국사의 청운교와 백운교
ⓒ문화재청

완벽한 조화와 균형을 보여주는 석조불좌상은 물론, 보살, 십대제자, 금강역사, 사천왕, 팔부중 등 38구의 조각상들은 동아시아의 국제적 양식을 수용한 후 자기화하여 발전시킨 통일신라의 원숙한 조각 기술과 조형미를 보여줍니다.

지방화, 토착화된 불상이 성행하다

왕실의 힘이 줄어들고 불교계에서 선종의 영향력이 커지는 9세기 이후, 수도인 경주와 왕실 중심으로 이루어지던 불상 제작 활동에

▶ 철조 비로자나불좌상,
858년, 장흥 보림사

변화가 생깁니다. 지방 호족 세력이 성장하면서 경주 이외의 지역
에서도 불상 제작이 활발하게 이루어지게 된 것입니다.

　　장흥 보림사의 철조 비로자나불상은 이러한 변화의 대표적인
사례입니다. 비로자나불은 불교의 진리를 형상화한 부처인데, 8세
기 후반~9세기부터 지방을 중심으로 보림사 상을 비롯한 비로자나
불상이 다수 제작되었습니다. 이 불상들은 금동보다 값은 저렴하지
만 정교한 주조는 어려운 철을 주재료로 하였습니다. 불상의 외형
에도 변화가 나타나는데, 보림사 상의 경우 눈꼬리가 올라간 개성
있는 얼굴과 다소 비례가 맞지 않는 신체 표현이 특징입니다. 균형
과 조화를 추구한 8세기 경주의 불상과는 거리가 먼, 개성적인 모습
입니다.

　　불상의 변화는 불상 제작 주체의 다변화에 따른 것입니다. 보
림사 상은 지방 관리인 김수종이 858년에 발원하여 만든 후, 선종
사찰인 보림사에 안치되었습니다. 선종과 지방호족 세력이 결합한
새로운 제작 주체의 미감을 바탕으로 만들어진 이러한 불상들은 경
주의 불상과는 달리 지방화, 토착화된 특징을 보여줍니다.

감상해 봅시다

삼국시대를 대표하는 불교미술품인 반가사유상을 메타버스에서 만날 수 있습니다. 국립중앙박물관 소장 금동미륵보살반가사유상 2점을 자연의 빛이 가득한 평화로운 야외의 자연 환경 속에서 만나 감상해봅시다. 국립중앙박물관이 구축한 메타버스 박물관 '힐링 동산'에 방문해 보세요.

① 스마트폰의 구글 플레이스토어 또는 IOS 앱스토어에서 '제페토(ZEPETO)' 앱 다운로드
② 제페토 앱 실행하여 가입 및 로그인 후 나만의 아바타 만들기
③ 앱 하단의 '월드' 탭에 들어가서 오른쪽 상단 돋보기 아이콘 클릭 → '힐링 동산' 검색
④ 검색해서 나온 맵을 클릭 → '플레이' 버튼 눌러 맵 들어가기
⑤ 나만의 아바타로 '힐링 동산' 돌아다니기

• 국립중앙박물관 실감 영상관 - 메타버스 박물관 '힐링 동산'
  http://museum.go.kr/site/main/content/digital_realistic_6

제4강

고구려, 백제,
신라의 공예

이런 것들을 배워 봅시다

삼국은 각기 독자적인 공예문화를 형성하였습니다. 제작기술의 발달과 유약의 사용으로 도자기의 질은 점차 좋아졌습니다. 고구려의 경우 한강 유역을 점령했던 시기에 제작되고 사용된 연질토기, 경질토기, 연유도기 등이 서울과 구리의 몽촌토성과 아차산 일대 유적지에서 발견되었습니다. 백제는 도읍이 옮겨질 때마다 도기의 변화가 나타났습니다. 신라도기는 굽이 달린 도기와 상형도기가 많이 발견되었습니다. 금속공예품은 대부분 고분에서 출토됩니다. 그 중 삼국시대의 관(冠)과 관식(冠飾)은 외국과의 문화 교류를 보여줍니다. 이후 불교가 융성함에 따라 금관은 점차 사라지고 대신 불교의식에 사용되는 금속공예품이 유행하게 됩니다.

- 삼국과 가야의 도기 문화의 특징을 살펴봅시다.
- 삼국의 금관(金冠)이 보여주는 공예적 기술을 살펴봅시다.

찾아가 봅시다

- 국립중앙박물관 고대관
  (서울특별시 용산구)
- 한성백제박물관(서울특별시 송파구)
- 고구려대장간마을(경기도 구리시)
- 국립경주박물관(경상북도 경주시)
- 국립공주박물관(충청남도 공주시)
- 국립김해박물관(경상남도 김해시)

점토란?

입자 크기가 작아 결정 구조 내에 물을 함유하는 흙으로, 부드럽고 끈끈한 성질을 가집니다. 불에 구우면 수분이 증발하면서 단단해집니다.

가마(窯)란?

성형을 마친 도자기를 굽기 위해서 사용하는 시설입니다. 가마를 만들어 불을 조절하는 기술이 발달할수록 좋은 품질의 도자기를 생산할 수 있습니다.

타날문이란?

무늬가 있거나 끈으로 감은 도박(陶拍)으로 기벽을 안팎으로 다질 때 생긴 문양입니다. 기벽을 두드리면 태토에 남아 있던 공기가 제거되면서 도박의 문양이 기벽에 찍혀 장식처럼 보입니다.

▲ 도기의 타날문

▌도기를 제작하고 굽는 기술이 발전하다 ▌

고구려, 백제, 신라는 서로 영향을 끼치면서 각기 독자적인 도기 문화를 형성하였습니다. 삼국시대 도기는 선사시대의 원시적인 기술에서 벗어나 원료, 성형(成形), 소성(燒成)에 이르기까지 많은 발전을 이루었습니다. 도기의 성형과 소성에 적합한 양질의 점토●를 사용하고 물레를 이용하였으며 효과적인 기능의 가마(窯)●●를 운영하여 질이 좋은 도기를 생산할 수 있었습니다. 이 시기 도기의 몸체에는 타날문●●●이 많습니다.

성형을 마친 기물이 밀폐된 가마에서 1,000℃ 가까운 온도로 구워지면 태토가 단단한 회색이 됩니다. 삼국시대에는 비교적 높은 온도로 도기를 소성되는 과정에서 가마 안의 나뭇재가 도기에 붙어 표면에 자연유약이 입혀지는 제작기술 및 낮은 온도에서 구울 때 녹색 계통으로 발색되는 유약을 사용한 연유도기 제작 기술 등이 발달하였습니다. 이렇듯 삼국시대 이래 도자기의 질은 급격히 좋아지면서, 저화도 인공연유, 고화도 자연유의 바탕 위에 고화도 시유 도기가 발달하였고 마침내 고려시대 청자(靑瓷) 제작의 성공으로 이어지는 기반이 마련되었습니다.

더 알아봅시다

연유도기 유약에 납을 섞은 연유(鉛釉)는 녹는 온도가 500~800℃ 가량으로 낮으면서 동, 철 같은 금속 산화물과 반응하여 화려한 색상을 내기 때문에 일찍부터 저온 번조용 유약으로 사용되었습니다. 한국에서 연유도기는 북조와 당의 영향을 받아 삼국시대와 남북국시대 동안 제작되어 주로 뼈항아리나 부장용기로 사용되었고 그 이후로는 거의 제작되지 않았습니다. 뼈항아리는 사람의 시체를 화장한 후 뼈를 추려 담아 땅에 매장할 때 사용하던 용기로 골호(骨壺)라고도 합니다. 불교 전래 이후 불교식 장례의 영향을 받은 화장(火葬) 풍습에서 사용된 기물입니다. 국립중앙박물관 소장의 도기연유인화무늬항아리는 경주 남산에서 출토된 뼈항아리로 표면에 녹유가 발라져 있으며, 물방울무늬, 꽃무늬 등이 새겨진 도장을 표면에 눌러 찍은 정교한 무늬들로 꾸며졌습니다.

▲ 〈도기연유인화무늬항아리〉
©국립중앙박물관

삼국의 문화를 도기에 반영하다

삼국시대의 사상과 생활문화가 발달하면서 새롭고 다양한 용도의 그릇들이 필요하게 되었습니다. 실용적인 도기와 더불어 제사를 지내거나 무덤에 부장품으로 사용하기 위한 특수한 용도의 도기가 제작되었습니다.

　고구려는 지리적으로 북쪽의 중국과 접하고 있을 뿐만 아니라 중국으로부터 새로운 문물과 기술이 가장 먼저 이식, 전파되었던 지역입니다. 313년 낙랑을 함락시키고 국가체제를 확립하기 이전까

▲ 〈네 귀가 달린 목긴
항아리〉
©서울대학교박물관

지 중국 한나라 도기 문화의 영향을 많이 받았으나 점차 고구려다운 특색을 지닌 도기들을 제작하였습니다. 모든 기종에서 물레 성형이 일반화되었고, 일부에서는 정제된 고운 흙을 사용하여 표면을 잘 다듬고 연마한 도기류를 볼 수 있습니다. 고구려가 한강 유역을 점령했던 시기, 서울과 구리의 몽촌토성과 아차산 일대 유적지에는 다량의 연질과 경질토기, 연유도기가 발견되어 고구려 토기의 모습을 알 수 있습니다.

　　백제는 한강 유역의 자연환경을 바탕으로 나라의 기틀을 발전시켰으나 고구려와 신라의 공격을 받아 수도를 연이어 옮기며 남쪽으로 이동합니다. 백제에서는 고운 입자의 점토를 사용하여 고온 번조하는 제작기술을 바탕으로 한강 유역의 고구려 도기와 금강 이남 신라 도기의 영향을 고르게 반영하여 발전하였습니다. 도읍이 옮겨질 때마다 도기에서도 조금씩 변화를 보이고 있습니다. 각종 항아리, 고배(高杯), 그릇받침[器臺], 벼루, 뼈항아리, 대접, 잔, 병, 막새 등이 제조되었습니다. 백제 25대 무령왕의 무덤인 무령왕릉은 벽돌을 이용한 축조한 양(梁)나라식 벽돌무덤으로 당시 발달된 벽돌제작기술과 함께 중국과의 활발한 문물교류를 보여줍니다.

▲ 〈도기 일괄〉 ©국립부여박물관

▲ 〈그릇받침〉 ©국립중앙박물관

와전(瓦甎) 와전은 흙으로 만든 벽돌입니다. 전의 편평하고 넓은 면적은 문양을 조각하는 데 적합하여 다양한 문양으로 장식한 전이 전해지고 있습니다. 충남 부여군 규암면 외리에 위치한 백제시기 절터에서 출토된 산수문전이나 귀문전이 대표적 예로, 백제 도기의 높은 수준을 보여주고 있습니다. 산수문전은 고대 신선사상을 바탕으로 물과 산봉우리, 상서로운 구름을 표현하였으며 균형 잡힌 구도와 부조풍의 입체적인 조각이 잘 어울립니다. 귀문전은 우람한 몸체와 털이 북슬거리는 얼굴을 가진 형상을 실감나게 조각한 것입니다.

▲ 〈산수귀문전〉 ©국립중앙박물관　　▲ 〈산수문전〉 ©국립중앙박물관　　▲ 〈보상화문전〉 ©국립중앙박물관

신라는 낙동강을 사이에 두고 가야와 마주한 나라로, 발달된 철기 문화를 바탕으로 고온의 불을 조절하는 조절하는 기술을 갖고 있었습니다. 신라와 가야에서는 다른 지역에 비해 고화도로 구운 회청색 경질도기°가 일찍부터 발달하였습니다. 그 종류로는 높은 굽을 가진 그릇[高杯], 뚜껑을 갖춘 그릇[蓋杯], 목이 긴 항아리[長頸壺] 등을 비롯하여 말을 탄 인물, 집, 배, 수레, 새 등을 본뜬 상형도기와 인물, 말, 소 등을 작게 만든 토우(土偶) 등 매우 다양합니다. 더불어 저화도 녹유(綠釉)를 사용해 보다 아름답게 장식한 것도 있고, 어떤 종류는 유약을 입히지 않았는데도 불구하고 고온에서 구워져 자연유가 입혀진 도기도 있습니다. 또 신라 도기 가운데 높은 굽이 달리고 굽의 표면에 원, 세모, 네모 형태의 구멍을 뚫어 장식한 형태도 대량으로 제작되었습니다. 다양한 형태와 용도의 신라 도기들을 통해 신라인들의 의식세계와 생활문화를 볼 수 있습니다.

회청색 경질토기?°
적갈색 연질토기와 태도는 거의 같으나 굳기의 정도가 상대적으로 더욱 단단합니다. 적갈색 연질토기의 경우 산소가 충분히 공급되는 상태에서 구워지고, 회청색 경질토기의 경우 외부의 산소 공급을 줄인 상태에서 구워집니다. 즉, 소성 과정에서 보다 높은 기술력을 요구합니다.

토우(土偶) 신라의 토우는 점토를 빚어 만든 인물상을 말하지만 넓은 의미에서는 사람을 비롯하여 동물, 생활용구, 집 등 모든 형태를 포함합니다. 한국에서는 신라와 가야에서 다양한 형태의 토우들이 발견되었습니다. 신라 토우를 대표하는 유물인 경주 계림로 부근의 고분에서 발견된 항아리의 어깨 부분에는 거북이, 개구리, 뱀, 악기를 연주하는 사람, 성행위를 하는 사람 등 다양한 토우가 장식되어 있습니다.

▲ 〈토우장식항아리〉 ©국립경주박물관

▲ 〈동물토우들〉 ©국립중앙박물관

실물을 본뜬 상형도기를 제작하다

상형도기(象形陶器)는 구체적인 형상을 본떠 만든 도기를 말합니다. 외형은 실물을 모방하였지만 내부 공간을 비워놓아 그릇으로 사용할 수 있도록 제작하였습니다. 대체로 상형도기에 뿔모양의 잔을 붙여 잔의 역할을 겸하게 하거나, 액체를 따르는 출수구를 붙여 주전자로 사용할 수 있습니다. 이러한 상형도기는 독특한 형태로 만들어져 일상생활보다는 의례의 특수한 목적을 위해 제작된 것으로 추정되고 있습니다. 즉 죽은 사람의 안식과 영혼의 승천처럼 사후세계에 대한 기원을 상징적으로 표현한 것으로 여겨지며 주로 장례에서 술이나 물을 담아 따르는 데 사용한 후 무덤에 함께 매장되었을 것으로 보입니다.

기마인물형도기주자　기마인물형도기주자는 신라 문화를 대표하는 유물입니다. 기마인물형도기주자는 일제강점기에 6세기 초의 신라시대 무덤으로 추정되는 금령총(金鈴塚)에서 발견되었습니다. 두 점의 주자는 주인과 하인으로 보이는 인물이 각각 말을 탄 모습으로, 말 탄 사람의 의복과 각종 말갖춤이 사실적으로 표현되어 신라인의 생활상을 알려줍니다. 기마인물형도기는 술 등의 음료를 담고 따를 수 있는 주자(注子)입니다. 말 등에는 깔때기처럼 생긴 구멍이 있어 액체를 넣고, 말 가슴에는 대롱이 있어 액체를 따를 수 있습니다. 기마인물형도기의 X선 사진을 통하여, 약 240cc 정도가 담길 수 있음을 측정할 수 있습니다.

▲ 〈기마인물형도기〉ⓒ국립중앙박물관

▲ X선 사진을 통해, 도기 내부를 볼 수 있습니다.

▲ 〈집형도기〉
ⓒ국립경주박물관

▲ 〈수레형도기〉
ⓒ국립경주박물관

▲ 〈수레바퀴도기〉
ⓒ국립중앙박물관

하지키(土師器)?

적갈색의 부드러운 연질토기를 일본어로 하지키라고 합니다.

스에키(須惠器)?

회청색의 단단한 경질토기를 일본으로 스에키라고 부릅니다. 하지키는 가마 없이 500도 안팎의 열로 구워내며, 스에키는 가마 내부에서 1100도 이상의 열로 구워냅니다. 이 생산기술은 한국에서 일본으로 건너간 것으로 알려져 있습니다.

▌가야에서 회색 경질의 상형도기가 발달하다 ▌

가야도기는 주로 낙동강 서쪽 일대에서 출토됩니다. 대체로 낙동강을 중심으로 동쪽 지역은 신라도기, 서쪽 지역은 가야도기로 분류됩니다.

가야는 일찍부터 제철기술이 발달하여 철기 문화와 함께 고온에서 구운 짙은 회청색의 경질도기를 제작했습니다. 가야의 도기는 김해를 중심으로 한 금관가야 지역에서 가장 먼저 등장한 후 아라가야, 소가야, 대가야로 확산되었습니다. 특히 집, 배, 수레바퀴 등 상형도기들이 다양하며, 삶과 죽음에 관한 가야인의 의식세계를 잘 보여줍니다. 또 높은 굽이 달린 접시나 원통 모양의 몸통에 구멍을 뚫어 장식한 그릇받침도 많이 제작되었습니다. 가야의 단단한 경질도기는 일본 고훈 시대 하지키(土師器)와 스에키(須惠器) 도기 문화 형성에 기여했다는 점에서 동북아시아 도기 발달사에서 매우 중요한 위치를 가집니다.

▲ 〈사슴장식항아리〉
ⓒ국립중앙박물관

▲ 〈금관가야도기〉 ⓒ국립중앙박물관

영혼의 전달자, 오리모양도기 오리모양을 닮은 상형도기는 3세기 후반부터 5세기경까지 낙동강 유역에서 만들어졌습니다. 오리모양도기는 고대에 특수한 용도로 제작된 여러 모양의 상형도기 중에서 가장 많은 수를 차지합니다. 새는 예로부터 곡식을 물어다 주어 마을의 안녕과 풍요를 가져오고 하늘의 신과 땅의 주술자를 연결시켜주는 매개자로 인식되었습니다.

▶ 〈오리모양도기〉
ⓒ국립중앙박물관

█ 백제의 무령왕릉에서 개방성과 국제성을 보다 █

무령왕릉은 백제 25대 무령왕(武寧王, 재위 501~523년)의 무덤으로 삼국시대 왕릉 가운데 유일하게 무덤의 주인공이 밝혀진 무덤입니다. 무령왕은 안으로 왕권을 강화하고 밖으로는 활발한 외교정책을 펼쳐 백제를 안정화시키고 중흥의 기틀을 마련한 왕이었습니다. 무령왕릉은 중국 남조의 양(梁)나라식 벽돌무덤으로 당시 중국과의 문물교류가 활발했음을 보여줍니다.

진묘수(鎭墓獸)란?

무덤을 지키는 동물을 뜻합니다. 몸체는 사자, 용, 멧돼지 등의 모습을 하며 머리에는 뿔을 달고 날개가 있습니다. 무령왕릉 출토 진묘수의 머리는 쇠로 만든 뿔로 장식되었습니다.

▲ 〈연꽃무늬은잔〉
ⓒ국립공주박물관

무덤내부에는 지석(誌石)을 비롯해 금과 은으로 만든 다양한 장신구, 금동신발, 청동거울, 중국제 도자기 등 4,600여 점에 이르는 유물이 출토되었습니다. 무덤 주인과 장례의식을 알려주는 지석을 비롯하여 석제 진묘수, 중국산 청자 항아리와 병, 백자 등잔,

▲ 〈무령왕릉베개〉 ⓒ국립공주박물관

▲ 〈석수〉 ⓒ국립공주박물관

금제 관식과 이식, 은제 팔찌, 금동 신발, 청동 거울, 곡옥과 유리구슬 등 다양한 유물들이 있습니다. 이 유물들은 중국 남조와 관계되거나 신라·왜와의 교류 관계를 보여주고 있어, 이를 통해 백제 문화의 개방성과 국제성을 알 수 있습니다.

▌삼국의 금속공예, 화려하게 펼쳐지다 ▌

▲ 〈무령왕 금제관식〉
ⓒ국립공주박물관

삼국시대의 금속공예품들은 대부분 고분에서 출토된 장신구, 생활용구, 불교 공예품, 무기 등입니다. 그 가운데 관(冠)과 관식(冠飾)을 살펴보면, 관은 대부분 금이나 은으로 제작되어 매우 장식적이고 화려하며, 관식에는 형태나 문양의 외래적 요소가 있어 문화교류를 고찰할 수 있습니다. 그중 신라는 일찍부터 금이 많이 난다고 아라비아까지 알려졌을 정도로 금으로 만든 각종 공예품들이 활발하게 만들어졌습니다.

▲ 〈금제관모〉
ⓒ국립경주박물관

고구려 금동관은 평양지역에서 발견된 3점이 전해지고 있습니다. 고구려의 금관 중 진파리 7호분 금동판은 태양을 상징하는 삼족오가 조각된 관장식으로 잘 알려져 있습니다. 이 금동판의 경우 관장식이라는 가설 외에도 피장자의 베개의 양쪽 끝부분의 장식이라는 주장도 있습니다.

백제의 금관으로는 무령왕릉에서 출토된 무령왕과 왕비의 관 장식이 대표적입니다. 팔메트 문양은 중국 남조 미술의 영향을 받았으며, 왕비의 금관 장식에 표현된 화병이나 연꽃은 불교의 연화화생관(蓮華化生觀)을 상징합니다.

신라에서는 황남대총 부분, 금관총, 서봉총, 금령총, 천마총 등 다수의 유적에서 금관이 발견되었습니다. 신라 금관은 대개 원형의 관테 위에 나뭇가지와 사슴뿔 모양이 장식되어 있고 표면에는 푸른색 곡옥과 작고 얇은 둥근 금판이 달려 있습니다. 신라의 금관은 뛰어난 조형성과 정교한 제작기법으로 당시 금속공예의 높은 수준을 알려주고, 삼국시대의 동서 문화 교류를 밝혀주는 중요한 자료입니다.

이처럼 삼국시대에는 큰 무덤에 금관 등 다양한 금속공예품을 부장하였으나, 삼국시대 이후에는 불교가 성행하고 큰 무덤을 조성하지 않게 되면서 금관은 사라지고 불교의식에서 사용하는 금속공예품이 활발하게 제작되었습니다.

황남대총은?
신라의 돌무지덧널무덤 가운데 규모가 가장 큰 것에 속하며, 남북으로 두 개의 무덤을 잇댄 왕과 왕비의 쌍무덤입니다. 귀금속 장신구, 수입품, 다량의 철제품과 도기가 출토되었으며, 특히 귀금속 장신구들은 생전에 누렸던 가장 화려한 복장을 시신에게 입혀 장례가 치뤄졌음을 짐작하게 해줍니다.

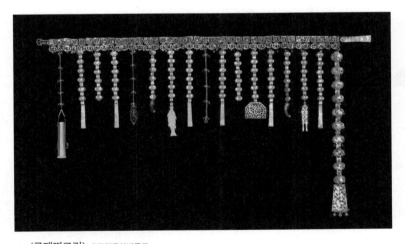

▲ 〈금제띠고리〉 ©국립중앙박물관

▲ 〈금관〉 ©국립중앙박물관

백제금동대향로 백제금동대향로(국보 287호)는 충청남도 부여군 능산리사지 부속건물 중 공방지(工房地)에서 출토된 대형향로로, 그 높이가 총 60cm를 넘습니다. 전체적인 형태를 보면 향로의 다리 부분에 위치한 용의 머리가 연꽃 봉오리를 물고 위를 향해 있고, 연꽃 봉오리의 중앙이 아래·위로 분리되어 향로의 동체와 뚜껑을 이루고 있습니다. 또 향로의 뚜껑은 산악으로 중첩된 모습이고, 산의 정상인 뚜껑 꼭대기에는 한 마리의 봉황이 날개를 펼치고 보주 위에 서 있습니다. 전체적으로 보면 74곳의 봉우리, 봉황, 용을 비롯해 호랑이, 사슴, 코끼리, 원숭이, 멧돼지 등 39마리의 동물, 5인의 악사와 산중의 신선 등 16인의 인물상, 나무, 바위, 시냇물 등이 입체적으로 표현되었습니다.

▲ 〈백제금동대향로〉
ⓒ국립부여박물관

이 향로에서 향이 퍼져 나올 때를 상상해볼까요? 향로의 동체에 향을 집어넣고 뚜껑을 닫으면, 뚜껑 곳곳에 뚫려 있는 여러 구멍을 통해 향 연기가 퍼져 나와 향로를 감싸는데 그 모습

이 마치 신선이 사는 환상적인 산의 분위기를 자아냅니다. 이러한 향로는 중국 한나라의 박산로에서 유래되었습니다. 그러나 이 백제금동대향로는 백제 특유의 뛰어난 금속공예 기술로 음양설, 연화화생관, 신선사상 등의 다양한 문화를 조화롭게 표현하고 있습니다.

◀ 백제금동대향로의 봉황

신라의 금제 귀걸이 일제강점기인 1915년에 경주의 보문동 부부총에서 발굴된 굵은고리 금 귀걸이가 대표적입니다. 지름이 0.5mm도 안되는 작은 금 알갱이와 얇은 금실을 이용해서 거북등껍질 모양으로 구획하고 다시 그 안에 꽃모양을 정교하게 장식하였습니다.

▲ 〈굵은고리 금 귀걸이〉
ⓒ국립중앙박물관

▌ 신라의 도기, 다양하게 발전하다 ▐

7세기 후반 고구려와 백제를 병합한 신라에서는 경주 지역을 중심으로 금속기, 칠기, 수입된 중국 자기 같은 고급 그릇들이 유통되어 귀족들의 고급스러운 취향을 만족시켜 주었습니다. 신라의 생활용 도기들은 경주의 안압지, 황룡사지, 익산 미륵사지 같은 대규모 소비 유적에서 많이 확인되고 있습니다.

출토된 다양한 형태의 도기 중에는 사발, 접시, 완, 병, 항아리처럼 생활에 꼭 필요한 그릇들이 많이 발견되어 도기가 식생활문화의 중심에 자리 잡고 있었음을 알려줍니다. 그 밖에 불교식으로 화장한 후 유골에 안장한 뼈항아리들이 발견되었는데, 이 중에는 도기 표면에 여러 가지 도장으로 문양을 찍은 인화문˚ 도기와 납이 함유된 유약을 입힌 연유도기도 많이 포함되어 있습니다.

신라 말기부터는 왕권이 약화되어 지방에 자리 잡고 있던 호족 세력이 강화되었으며 이들의 비호 아래 충남 보령, 전남 영암 등지에서도 대규모 가마들이 운영되어 인화문 도기에서 유약을 입힌 시

인화문(印花文)
이란?˚

무늬를 새긴 도장을 표면에 눌러 찍은 장식입니다. 형태가 만들어진 도기에 도장을 찍으면 도장에 새겨진 무늬가 그대로 그릇 표면에 찍힙니다. 균일하고 촘촘하게 문양을 새김으로써 화려하게 장식하고, 제작 시간은 줄일 수 있는 장점이 있습니다.

◀〈인화무늬도기〉
ⓒ국립중앙박물관

▲ 〈용면무늬와〉ⓒ국립경주박물관

▲ 〈얼굴무늬수막새〉ⓒ국립경주박물관

▲ 〈치미〉ⓒ국립경주박물관

유도기까지 일상생활에 필요한 그릇들을 생산, 공급하였습니다. 이 시대 도기는 차 문화의 확산과 함께 중국으로부터 다량 수입된 자기, 곧 청자, 백자와 자연스럽게 상호 교류하면서 새로운 도자 문화를 이루게 되었습니다.

신라에서는 건축용 도기가 발달하였습니다. 와당(瓦當)과 벽돌은 그 무늬가 더욱 다양하고 화려해졌고, 수막새기와와 암막새기와는 봉황, 가릉빈가, 용, 기린, 토끼, 두꺼비 등 다채로운 문양으로 장식되었습니다. 그리고 지붕 용마루 양 끝에 세우는 치미(鴟尾), 벽사를 목적으로 건물에 장식한 귀면와(鬼面瓦), 사찰의 벽면이나 바닥에 배치한 문양전도 정교한 기법으로 제작되었습니다.

감상해 봅시다

고구려, 백제, 신라, 가야의 다양한 도기와 금속공예품은 다음의 장소에 펼쳐져 있어요. 소개된 곳에 방문하여 유물을 직접 감상해보고 자세히 살펴봅시다.

- **국립중앙박물관 고대관** | 삼국시대 토기, 고구려 금동관과 관식, 백제 와전, 신라 굵은 고리 금 귀걸이 등

- **한성백제박물관** | 한성시기 백제 도기, 전돌, 청동 및 철제 공예품 등

- **고구려대장간마을 및 아차산고구려유적전시관** | 아차산 보루 출토 토기 및 철기류, 대장간 테마파크 등

- **국립경주박물관** | 관꾸미개, 얼굴무늬수막새, 금관, 금제관모, 토우 장식항아리 등

- **국립공주박물관** | 무령왕릉 출토 유물 - 진묘수, 지석, 금제뒤꽂이, 나무베개, 발받침 등

- **국립김해박물관** | 집, 배, 수레바퀴, 오리모양 등 다양한 상형도기, 금관가야·아가아라·소가야·대가야 지역 양식의 가야토기 등

고려의 불교미술과
일반회화

이런 것들을 배워 봅시다

불교를 국교로 삼은 고려에서는 다양한 형식의 불교미술품이 제작되었습니다. 수도인 개성은 물론, 충청도, 강원도 등지에서도 각각의 지역 전통과 고유의 미감을 보여주는 불상이 만들어졌습니다. 원나라의 간섭을 받게 된 고려 후기에는 이국적인 라마 양식의 불상이 등장하기도 했습니다. 몽고의 침략으로부터 나라를 지키기 위해 제작한 팔만대장경이나, 사후 극락정토에 왕생하고자 귀족들이 발원한 불화 및 사경은 고려 문화의 높은 수준은 물론, 부처님의 힘으로 어려움을 극복하고자 한 고려인들의 신앙을 보여줍니다.

- 불교미술의 후원자들은 어떤 사람들이었으며, 이들이 후원을 통해 이루고자 한 것은 무엇이었는지 생각해봅시다.
- 원나라의 간섭과 고려 후기 불교미술에 나타나는 양식적 변화를 함께 고찰해봅시다.

찾아가 봅시다

- 국립중앙박물관 경천사지십층석탑 및 삼성미술관 리움 (서울특별시 용산구)
- 국립중앙박물관 조각·공예관 (서울특별시 용산구)
- 호림박물관(서울 관악구)
- 합천 해인사(경남 합천군)

10세기

1087년

12세기후반

관촉사 석조미륵보살입상
한송사지 석조보살좌상

초조대장경 완성

소상팔경도 처음 제작

개성이 불교 조각의 중심이 되다

연등회(燃燈會)란?

나라의 모든 건물과 거리 등에 연등을 걸어 놓고 등불을 밝혀 부처에게 복을 비는 불교행사입니다. 신라에서 시작되어 고려시대에 크게 성행하며 국가 행사로 자리잡게 되었습니다. 궁정 중심의 연등회는 2월 15일과 사월 초파일에 열렸습니다. 「훈요십조(訓要十條)」에서 팔관회와 함께 국가의 중요 행사 중 하나로 전합니다.

팔관회(八關會)란?

팔관재회(八關齋會), 팔재회(八齋會) 등으로도 불립니다. 고대 삼국의 제천행사와 불교의식이 결합하여 나타난 호국적 성격의 행사입니다. 개경에서는 11월 15일에, 서경에서는 10월에 팔관회를 열었습니다. 산신이나 땅의 신 등 토속신들에게 나라의 안녕을 빌거나 추수에 감사하는 제사를 올렸습니다.

신라 시대의 경주가 행정적, 정치적, 문화적 중심지였다면 고려시대에는 개성이 그러한 역할을 했습니다. 고려의 국교는 불교로 연등회나 팔관회 등의 불교 행사가 왕실 주도로 매년 진행되었고, 나라 곳곳에 불교 사찰이 세워졌습니다. 불교 조각과 불교 회화도 활발하게 제작되었습니다. 불교 조각은 수도인 개성뿐 아니라 전국의 여러 지방에서 제작되어 각 지역의 특색과 전통을 보여주었습니다. 개성에서는 높은 수요와 문화적 번영을 바탕으로 수준 높은 불교 조각이 많이 제작되었지만 안타깝게도 지금까지 전해지는 상이 많지 않아 그 전모를 파악하기 힘듭니다.

개성 관음사에 있다고 알려진 석조 관음보살좌상을 통해 그 화려하면서도 섬세한 일면을 엿볼 수 있습니다. 왕실의 발원으로 제작된 것으로 보이는 이 보살상은 수많은 장신구를 걸치고 높은 보관을 쓰고 있습니다. 날씬하면서도 세련된 느낌은 통일신라의 불교 조각 전통을 바탕으로 중국 송나라의 양식적 요소를 수용한 흔적을 보여줍니다.

▲ 〈석조 관음보살좌상〉
ⓒ남북저작권센터

불상에서 지역 양식이 나타나다

고려 초기의 불상에는 신라 후기의 전통과 고려 초 지방 호족들의 새로운 미감이 모두 드러납니다. 이 시기에는 신라 후기 불상처럼 신체의 모델링이 단순하고 통통한 얼굴과 넓적한 육계를 한 철불이 많이 제작되었습니다. 통일신라와 고려의 양식적 전환기라고 할 수 있는 이 시기의 철불은 주로 항마촉지인을 결하고 이상화된 모습이 아닌 개성적인 얼굴 표현을 보여주며, 상체가 날씬해지는 등의 변화가 나타납니다. 이는 주로 신라 귀족의 후손이나 고려왕실과 관련하여 새롭게 떠오른 지방 귀족의 후원으로 제작된 불교 조각입니다.

한편 충청도 지역에서는 거대한 석조 불상이 다수 제작되었습니다. 논산 관촉사 석조미륵보살상으로 대표되는 이 불상들은 압도적인 규모와 단순한 조형, 규범을 따르지 않은 독특한 도상이 특징입니다. 지역적인 개성을 보여주는 이러한 불상의 제작을 통해 그 후원자인 지역 호족들은 자신의 위엄과 권력을 드러냈습니다.

강원도 강릉의 한송사지, 월정사, 신복사의 보살상은 높은 보관*을 쓰고, 통통한 얼굴에 부드럽고 따뜻한 미소를 띠고 있다는 공통점이 있습니다. 고려 초기의 또 다른 지역 양식을 보여주는 작품들입니다.

보관(寶冠)이란?*

불상의 머리 위에 얹은 보석으로 장식한 관을 말하며, 보살이 쓰고 있는 관을 높여 부르기도 합니다. 두발을 모두 덮는 모자식과 일부를 덮는 두식(頭飾)으로 구분됩니다. 모자식은 뒷면을 열어 놓고 삼면을 높게 만든 삼산관(三山冠), 위쪽을 좁게 하는 원통형 또는 유각형의 보관 등이, 두식은 삼면두식, 화판(花瓣)형, 윤형(輪形)을 이은 것 등이 해당됩니다.

▶ 〈논산 관촉사
석조미륵보살입상〉
ⓒ대한불교 조계종 총무원 문화부

▶ 〈강릉 한송사지
석조보살좌상〉
ⓒ문화재청

더 알아봅시다

고려 초기 변상도 목판화 중국 북송의 태종이 지은 게송서(偈頌書)에 삽도로 첨부된 목판본 어제비장전변상도(御製祕藏詮變相圖)가 10세기에 제작되었습니다. 고려에서는 10세기와 11세기에 걸쳐 이를 재간행하였는데, 11세기 간행본 일부가 현재 전하고 있습니다. 여기 실린 변상도를 보면 산수의 깊이감, 산석의 준(皴, 산석의 질감을 표현하는 붓질의 처리), 섬세한 필선처리 등의 수준 높은 산수표현을 볼 수 있습니다. 고려시대의 일반산수화가 전하지 않는 상황이기에, 귀중한 자료로 평가되고 있습니다.

▲ 〈어제비장전변상도(御製祕藏詮變相圖)〉ⓒ성암고서박물관

고려 전기 회화, 북송과 겨루다

고려시대 회화예술은 높은 수준으로 발달했지만, 고려 후기에 제작된 불화를 제외하고는 전하는 작품이 별로 없습니다. 전하는 불화 속에서 산수 표현과 풍속 표현의 유래를 찾아볼 수 있지만 이것으로 고려 전기의 회화 양상을 설명하기는 어렵습니다. 고려의 문인들과 승려들도 묵죽과 같은 그림을 그렸습니다. 그러나 전하는 작품은 없습니다.

고려 왕실에서는 도화원(圖畵院)을 두어 화가들을 관장하였습니다. 이녕(李寧)과 이광필(李光弼) 부자와 같은 뛰어난 화가들이 도화원에서 배출되어 고려 국왕의 후원을 받으면서 활동하였습니다. 이녕은 산수화를 잘 그렸습니다. 이녕이 중국에 가서 송나라의 휘종(徽宗)에게 고려의 〈예성강도(禮成江圖)〉를 그려 바치자, 휘종은 "근래에 고려에서 온 화공이 많으나 이녕이 제일이다"라고 칭찬하였고 또한 이녕에게 송나라 화가들을 가르치도록 요청하였습니다. 이녕의 〈천수사남문도(天壽寺南門圖)〉는 중국 상인이 가지고 들어와 고려 왕실에 올려서 중국 화가의 신품으로 오인되었다는 일화가 전합니다. 고려의 화가들이 중국에서 칭송받았던 상황으로 미루어 보건대, 이녕의 산수화 수준은 송나라 화풍에 못지않았던 것으로 보입니다. 당시 송나라에서는 한림원 소속의 화원화가 이성, 곽희 등이 이룬

도화원이란?
그림에 관한 일을 담당하던 관청입니다. 고려시대의 도화원(圖畵院)은 조선의 성종대 이후 도화서(圖畵署)로 이름이 바뀌었습니다.

더 알아봅시다

북송 산수화풍 북송의 이성(李成), 곽희(郭熙)가 중심이 되어 이룬 수묵산수화풍은 어떤 그림이었을까요? 황실의 화원화가였던 이들은 거대한 산석의 괴량감을 표현하고자 붓질을 잇대어 섬세하게 질감을 처리하고, 산수의 높이와 깊이를 표현하는 산수화를 제작하여 명성을 떨쳤습니다. 세부적으로는 게의 발톱처럼 구부러진 나뭇가지의 해조묘(蟹爪描), 쌍으로 오른 소나무 형태 등이 특징적입니다. 대만의 국립고궁박물원에 전하는 곽희의 〈조춘도(早春圖)〉로 그 화풍과 규모를 알 수 있습니다.

거대한 수묵산수화가 발달해 있었습니다.

이녕의 아들 이광필도 뛰어난 화가였습니다. 고려 명종(明宗, 1171-1197)이 이광필을 가리켜 "우리나라를 빛나게 하는" 화가라고 칭송하였고, 이광필과 함께 〈소상팔경도(瀟湘八景圖)〉를 그렸으나, 이 작품은 오늘날 전하지 않습니다. 고려시대 굴지의 문인들인 진화(陳澕), 이인로(李仁老), 이제현(李齊賢) 등이 남겨준 소상팔경도에 관련된 시문을 통하여, 호숫가의 풍경이 펼치는 계절의 아름다움을 섬세한 감성으로 향유하였던 고려의 왕족과 귀족 문인들의 감상세계를 엿볼 수 있을 뿐입니다. 소상팔경도는 북송에서 완성된 산수화의 주제로 알려져 있습니다. 이렇듯, 고려시대 전반부에는 북송대 회화문화를 흡수하면서 회화작품들이 제작되었습니다. 소상팔경도는 조선시대에 들어와 더욱 인기를 누리게 됩니다. 이 그림의 내용 및 그 전개 양상에 대하여는 조선시대 회화를 다루면서 다시 설명하겠습니다.

윤왕좌(輪王坐)란?

오른쪽 무릎을 세우고 그 위에 오른팔을 올려 놓고 왼손은 바닥을 짚은 채 긴장을 풀고 편하게 앉아 있는 자세를 윤왕좌라고 합니다. 불교에서 말하는 가장 이상적인 세속 군주인 전륜성왕(轉輪聖王)의 자세라는 의미입니다. 윤왕좌의 보살상은 중국의 송, 원나라에서 크게 유행했지만, 한국의 불교 조각에서는 드물게 나타납니다.

▲ 〈금동관음보살좌상〉
ⓒ국립중앙박물관

▌ 원나라 라마불교의 양식을 수용하다 ▌

12세기에 고려 사회는 급격한 변화를 맞이했습니다. 무신 정권이 들어섰고 오랜 여몽 전쟁이 시작되었습니다. 전쟁 후에는 원나라의 내정 간섭과 수탈이 시작되었습니다. 원나라 궁정을 통해 고려에 티베트 불교 의식이 도입되면서, 불교문화에도 그에 따른 변화가 생겼습니다. 왕실과 친원세력의 후원을 바탕으로 티베트 스타일의 불교미술이 고려 궁정과 개성에 유행하면서 이국적인 모습의 불상이 등장했습니다. 14세기에 제작된 금동관음보살좌상은 높은 보관과 역삼각형의 얼굴, 큰 연꽃 모양 귀걸이와 복잡한 장신구를 하고 있습니다. 윤왕좌*라는 관능적인 자세를 취

팔만대장경 몽고침략기에 제작되었다고 하여 고려시대의 호국(護國)불교의 상징으로 일컬어지는 팔만대장경은 불교신앙의 깊이와 고려의 공예수준을 보여주는 역작으로도 손꼽히고 있습니다. 불교의 기록물은 크게 부처님의 말씀을 담은 경(經), 불교도들이 지켜야 할 계율을 일컫는 율(律), 경에 대한 주석서인 논(論)으로 나뉩니다. 경, 율, 논을 선별하고 체계화, 목록화하여 모은 것이 대장경(大藏經)입니다. 대장경의 제작은 불교 기록물의 표준화 작업으로, 우리나라를 비롯한 동아시아에 널리 유통된 한역(漢譯)대장경 외에도 팔리어대장경, 티벳어대장경 등이 있습니다.

▲ 〈재조대장경판〉
◀ 〈합천 해인사 장경판전 내부〉 ⓒ문화재청

하고 있는 점도 눈에 띕니다. 이전 한반도의 불상과 비교했을 때 상당히 화려하고 장식적인 모습입니다. 이는 티베트 계통의 라마 양식의 영향입니다. 라마 양식은 동시대 원나라의 불교 조각에 유행하던 양식이었습니다. 그러나 원나라의 불상과 비교했을 때 고려의 불교 조각은 라마 양식 특유의 관능미와 과도한 장식성이 억제되고 다소 부드럽고 단순화된 형태를 보임으로써, 한국적 수용을 보여줍니다.

나무로 경판을 만들어 종이에 인쇄하는 목판대장경의 역사는 중국 10세기 송나라에서 시작되었습니다. 얼마 지나지 않아 고려에서도 대장경을 제작했는데, 이것이 초조대장경(初雕大藏經, 1011- 1087)입니다. 당시 거란의 침략을 부처님의 힘으로 극복하고 문화국으로서의 위력을 드러내고자 제작한 고려의 첫 대장경이었지만 이후 몽골의 침략으로 경판은 모두 소실되었고 지금은 인출본만 남아있습니다. 13세기 무렵 고려는 몽골의 침략을 맞아 다시 대장경을 제작했는데, 이것이 합천 해인사의 팔만대장경으로 잘 알려진 재조대장경(再雕大藏經, 1236-1251)입니다. 8만여 판에 달하는 방대한 분량임에도 오자나 탈자가 거의 없고 질적으로도 우수하여 고려 기술력의 정수로 일컬어집니다. 재조대장경의 제작은 4만여 명에 이르는 다양한 계층의 사람들과 전국의 사찰들이 직, 간접적으로 참여한 국가적이고 범종파적인 사업이었습니다. 현재 불교 경전의 표준인 일본의 대정신수대장경(大正新修大藏經, 1924-1934)의 저본(底本)이 되었다는 점에서 불교사적으로도 매우 중요한 유산입니다.

▮ 불교 회화, 극락정토와 깨달음의 소망을 담다 ▮

오늘날 우리에게 전해지고 있는 고려시대 불교 회화는 모두 13-14세기의 작품입니다. 고려불화는 당시의 왕실과 귀족들의 불교 신

▶ 〈수월관음도〉
▶ 〈아미타삼존내영도〉

수월관음도 수월관음도는 〈화엄경〉의 한 챕터인 '입법계품(入法界品)'의 내용을 바탕으로 합니다. 입법계품은 선재동자가 깨달음을 얻기 위해 덕이 높은 53명의 선지식(善知識)을 찾아 떠나는 여행을 그리고 있는데, 수월관음도에 나오는 관음보살은 선재동자가 28번째로 만나는 선지식입니다. 수월관음도는 인도에서 유래한 것이 아닌, 중국 당나라의 화가 주방(周昉)이 창안했다고 전해지는 도상으로, 특히 고려에서 회화로 많이 제작되었습니다.

아미타 내영(來迎)이란?

아미타불이 생전에 신실한 삶을 살았던 중생을 극락정토로 데려가기 위해 홀로 혹은 보살들을 거느리고 그 앞에 나타나는 순간을 묘사한 장면입니다.

앙을 보여줍니다. 고려불화의 주인공으로 가장 많이 등장하는 인물은 서방 극락정토를 주재하는 아미타불입니다. 아미타불의 이름을 되뇌는 염불(念佛)을 하면 죽은 후 극락정토에 왕생할 수 있다는 정토 신앙은 당시 동아시아에서 널리 유행한 불교 신앙으로, 고려에서도 큰 인기를 끌었습니다.

아미타불이 등장하는 다양한 내용의 불화가 있지만, 그중에서도 아미타 내영은 특히 인기 있는 주제였습니다. 텅 빈 배경을 바탕으로 반측면으로 서 있는 아미타부처가 손을 내밀고 있어서 관람자에게 실제로 아미타불이 눈앞에 나타난 듯한 느낌을 줍니다.

아미타불만큼이나 인기 있는 고려불화의 주제였던 수월관음(水月觀音)은 〈화엄경(華嚴經)〉에서 선재동자가 가르침을 얻기 위해 보타락가산의 관음보살을 찾아간 장면을 이릅니다. 투명한 베일을 걸친 채 바위 위에 반가좌(半跏坐)로 앉아 있는 관음보살, 옆에 놓인 정병과 버들가지, 왼쪽 구석에서 합장하는 자세를 취하는 작은 선재동자가 수월관음도에 공통적으로 나타나는 요소입니다.

▌불교미술에 후원자의 취향이 반영되다 ▌

고려 후기 왕실과 귀족은 부처님의 힘을 빌어 자신의 소망을 이루기 위해 호화로운 불교미술품의 제작에 후원했습니다. 불화가 대표

태조예배도 고려를 건국한 왕건(王建), 즉 고려 태조가 금강산에 올라 예불(禮佛)하는 모습이 그려진 그림이 있습니다. 〈고려태조 담무갈보살 예배도(高麗太祖曇無竭菩薩禮拜圖)〉라는 긴 제목을 가진 이 그림은 흑칠한 나무판 위에 금니(金泥)의 선묘로 제작된 작품입니다. 그림 상단을 보면 고려 태조가 배재(拜岾, 절고개)에서 엎드려 절을 하고 그 뒤로 금강산 바위 봉우리들이 치솟아 있으며 그 아래 앉은 담무갈보살이 오른손에 보주를 들고 현현하여 있습니다. 이를 그린 스님 화가 노영(魯英)의 모습도 그림 하단에서 찾아볼 수 있습니다. 이 그림은 매우 작지만 힘차고 섬세한 필력으로 고려 건국의 기상과 불력에의 신앙을 일깨우는 작품입니다. 이 그림이 제작된 때는 1307년, 원나라 몽고황실의 압박 아래 고려의 국세가 흔들리던 충렬왕 때입니다.

◀ 노영(魯英), 〈고려태조 담무갈보살 예배도(高麗太祖曇無竭菩薩禮拜圖)〉
ⓒ국립중앙박물관

적입니다. 불화를 그릴 때는 그림을 그리기 위한 목적으로 특별히 직조된 비단인 화견(畫絹) 위에 천연광물로 만든 안료를 사용했습니다. 또한 금을 곱게 갈아 안료처럼 만들어 가는 선으로 문양을 표현하거나 불보살의 육신을 채색할 때 사용했습니다. 후원자들은 불화의 제작에 드는 엄청난 비용을 지원함으로써 자신과 가족의 안녕을 빌었습니다.

　사경(寫經)은 손으로 직접 베껴 쓴 경전을 이릅니다. 고려시대에도 이미 인쇄술이 발달하여 경전을 일일이 손으로 베껴 쓸 필요는 없었지만 많은 시간과 노력, 그리고 재물을 들여 사경을 제작하는 일은 신앙심의 발현이자 수행의 방법으로 여겨졌습니다. 부유한 후원자들은 사경 제작을 지원함으로써 공덕을 쌓고 원하는 바를 이

▲ 〈감지은니 대방광불화엄경 주본 권37(紺紙銀泥 大方廣佛華嚴經 周本 卷三十七)〉 ⓒ호림박물관

더 알아봅시다

경천사지 십층석탑 후원자의 취향이 반영된 대표적인 불교미술로 경천사지 십층석탑을 들 수 있습니다. 이는 개성 경천사에 있었으며, 1348년 친원(親元) 세력의 후원으로 건립되었습니다. 주로 단단한 화강암으로 만든 한국의 다른 석탑과는 달리, 무른 대리석으로 만든 이 탑은 그 외양도 매우 독특합니다. 10층 중 아랫부분인 1~3층은 아(亞)자와 비슷한 12면 평면의 구조로 제작되었는데, 이는 원나라에서 유행한 라마교의 탑과 조각을 연상케 합니다. 한편 위의 4~10층은 방형 평면의 전통적 석탑 양식을 보여줍니다. 전체의 탑면에는 불교 설화 속 장면에서부터 부처가 설법하는 불회(佛會) 장면에 이르기까지 다양한 이미지가 빈틈없이 섬세한 솜씨로 조각되었습니다. 부처, 보살, 나한 등의 불교 존상들을 위계에 따라 3차원으로 구현한 독특한 도상입니다. 경천사지 십층석탑은 원나라를 통해 들어온 라마교 미술의 요소와 기존 고려 전통의 융합을 보여줍니다. 복합적인 양식뿐 아니라 원나라 황제와 황후를 축원하는 내용의 조탑명(造塔銘)에서도 원나라의 간섭을 받았던 당시의 시대적 상황이 드러납니다.

일제강점기 때 일본으로 불법 반출되었다가 돌아오는 수난의 역사를 겪으면서 국제적으로 유명해진 이 탑은, 지금 국립중앙박물관을 들어서는 관람객들을 맞이하며 서 있습니다.

▶ 경천사지 십층석탑이 개성
   경천사터에 있는 모습 (1907년 이전)

만권당(萬卷堂)
이란?

고려의 충선왕이 1314년
원나라의 연경(燕京)에
세운 서재(書齋)입니다.
이곳에서 남송(南宋)
출신 유학자로 원나라
에 벼슬한 요수(姚燧)·
조맹부(趙孟頫)·원명선
(元明善)·우집(虞集) 등
이 학업하였고, 고려의
이제현이 충선왕의 시
종신(侍從臣)으로서 가
서 이들과 교유하였습
니다.

루고자 했습니다. 고려 후기에 제작된 사경은 주로 〈화엄경〉과 〈법화경〉으로, 최고급 종이에 금이나 은으로 글자를 써 넣었습니다. 사경의 맨 앞에는 경전의 내용을 함축적으로 보여주는 그림인 변상도를 그려 넣었습니다. 어두운 감지 바탕에 금이나 은으로 촘촘하게 그린 변상도는 화려함과 정교함의 정수입니다.

고급 재료에 화가의 정교한 솜씨가 더해진 고려 후기의 불교 회화와 사경은 후원자들의 화려하면서도 우아한 취향을 잘 보여줍니다.

▌ 고려 후기 회화, 원나라와 교유하다 ▌

고려왕실이 원나라와 밀접한 관계를 맺게 되면서, 원나라와의 문화 교류 내용이 풍부해졌습니다. 특히 연경의 만권당*은 고려의 학자와 원나라 학자가 만나서 학문과 예술을 나누는 장이 되었습니다. 고려의 이제현(李齊賢)은 원나라의 관료 문인 조맹부, 주덕윤 등을 통하여 원나라 문인화(文人畵)를 접하였습니다. 원나라의 황실은 문인들의 회화를 애호하여 문인화가 유례없는 발전을 이루었습니다. 대표적인 문인화가 조맹부는 산수, 묵죽, 말그림 등의 장르에서 영향력을 행사하고 있었고 송설체(松雪體)의 서체로도 유명하였습니다. 주덕윤은 북송의 산수화가 이성(李成), 곽희(郭熙) 등의 화파를 수용하여 원나라식 이곽파를 그린 화가입니다. 이제현의 그림으로 전하고 있는 〈기마도강도(騎馬渡江圖)〉는 이러한 교류를 반영하고 있습니다.

또한 북송대 문인 미불(米芾)이 창안한 화법을 계승한 운산도(雲山圖)가 원나라의 문인화로 인

▼ 이제현, 〈기마도강도〉
©국립중앙박물관

미불의 화법, 미점 북송대는 먹(잉크)만을 안료로 삼아 그리는 수묵화(水墨畫)가 발달하면서 이를 위한 필묵(筆墨)의 법칙들이 고안되던 시기였습니다. 이성과 곽희 등 탁월한 화원화가들 이오랜 시간 훈련된 노련한 필치로 거대한 수묵산

수화를 이루었다면, 미불은 문인으로 작은 화면에 먹점을 뚝뚝 찍어 산수화를 완성함으로써 기법이 아닌 뜻(意)을 보인다는 주장으로 화원의 화풍에 도전하였습니다. 미불의 묵법은 문인들에게 우호적 호응을 얻었고, 그의 아들 미우인(米友仁)이 남송대에 이를 발전시킴으로써 마침내 '미점(米點)' 혹은 '미법(米法)'으로 일컬어지는 하나의 기법이 정립되었습니다.

▲ 미불, 〈춘산서송도(春山瑞松圖)〉

기를 누리고 있었는데, 이가 고려 말에 유입되어 고려의 문인들에게 높이 칭송되었습니다. 운산도는 청산백운(靑山白雲)이란 제목으로도 불리는 산수화로, 흰 구름이 자욱한 산을 주제로 하면서 미불이 창안한 먹점을 활용하는 그림입니다. 필선보다 먹의 운용을 주로 하는 수묵화법의 운산도는 조선 전기로 그 인기가 이어졌습니다.

14세기 중반에 재위한 공민왕은 그림과 글씨에 뛰어나 고려의 대표적인 화가의 한 명으로 꼽힙니다. 그의 작품으로는 〈천산대렵도(天山大獵圖)〉가 유명하여 조선시대 문인들에게도 기록되었고, 오늘날 공민왕 작 〈천산대렵도〉의 작은 편린들로 칭해지는 그림들이 전하고 있습니다. 이밖에도 공민왕은 자신의 초상화 및 그의 아내 초상인 노국대장공주진(魯國大長公主眞)도 그렸다고 합니다.

고려가 국교로 불교를 공인함에 따라. 다양한 형식의 불교미술품이 전국 각지에서 제작되었습니다. 더불어 왕실에 도화원이 설치됨에 따라, 뛰어난 화가들이 국왕의 후원을 받으며 회화작품을 제작하였습니다. 다음의 장소에 방문하여 고려의 다양한 미술품을 직접 감상해보고 자세히 살펴보아요.

• **국립중앙박물관** | 경천사지 십층석탑, 중·근세관 고려실, 조각·공예관 불교 조각실

고려의 도자와 공예

이런 것들을 배워 봅시다

고려 문화를 대표하는 공예품으로 고려청자가 손꼽힙니다. 중국의 월주요계 청자기술이 고려에 유입되며 새로운 가마가 축조되고 새로운 원료가 사용되기 시작하였습니다. 고려의 제도가 정비되고 기틀이 다져진 11세기부터 고려청자는 생활문화에 맞는 청자 기종들이 제작되기 시작했고, 형태와 문양 역시 고려식으로 변화되었습니다. 12세기에 이르러 비약적인 발전을 이루며 천하 제일의 비색청자라는 평가를 받기에 이릅니다. 고려비색이 정점에 달했던 12세기경 고려인들은 '상감'이라는 공예기법을 청자에 적용하여 성공을 거둡니다. 이후 상감기법은 전국적으로 활성화되어 전성기를 누리게 됩니다.

• 고려청자의 제작 방식을 알아봅시다.
• 11세기 이후, 다양하게 변화되기 시작한 고려청자의 형태와 문양 등을 살펴봅시다.
• 신안 해저 유물이란 무엇일까요? 고려청자 및 도자의 수송과 해양루트 간의 상관관계를 살피고 이를 통해 당시 문화·사회의 일면을 설명해봅니다.

찾아가 봅시다

· 방산동 청자와 백자 요지   · 국립중앙박물관 고려청자실
  (경기도 시흥시)   (서울시 용산구)

· 목포해양유물전시관   · 국립중앙박물관 고려1실
  (전라남도 목포시)   (서울시 용산구)

9세기 후반~10세기 전반	10세기 후반	11세기	12세기 전반
고려 초기청자 제작	청자 순화사년명 항아리 (993년)	청자 생산 중심지 전남 강진으로 이동	고려 비색청자 제작 상감기술 본격화

환원소성(還元燒成) 이란?

소성과정에서 가마 내부의 산소를 줄여주는 환원분위기를 만드는 것으로, 도자기의 최종적인 색을 결정하는 중요한 단계입니다. 가마 안에서 점토나 유약에 포함되어 있던 철의 화학구조가 바뀌면서 도자기의 색이 변합니다. 즉, 청자는 완벽한 환원소성 과정에서 청록색을 띠게 되고 백자는 순백색으로 완성됩니다.

▌고려에서 청자 제작이 시작되다 ▌

청자는 고려시대 공예문화의 정수를 보여주는 문화재입니다. 고려시대 청자는 철분이 조금 섞인 백토 위에 철분이 1~3% 정도 들어 있는 장석질 유약을 입혀, 1,200℃ 내외의 고온에서 환원소성˚으로 구워낸 자기(瓷器)입니다.

국내에서 언제부터 청자를 제작하기 시작했을까요? 한반도에서 청자는 대략 9세기 후반에서 10세기 전반 중국 절강성(浙江省) 월주요(越州窯)의 영향을 받아 제작되기 시작하였습니다. 남북국시대에는 경질도기가 활발히 제작되는 가운데 당시 상류층들은 당나라로부터 전해진 차문화를 향유하기 위해 중국산 다완(茶碗)을 수입해 사용하는 상황이었습니다. 한국의 초기 청자 제작은 국내에서 좋은 품질의 다완을 소유하고자 하는 열망과 월주요계 청자 제작기술이 결합되어 가능해졌습니다. 이를 계기로 한반도 도자기 제작의 중심축이 도기에서 자기로 전환되었습니다.

초기의 청자가마는 벽돌을 쌓아 40여 미터의 길이로 축조한 대형 가마로 한반도 서남부에 집중적으로 분포되어 있습니다. 황해남도 배천군 원산리를 비롯하여 경기도 시흥시 방산동, 용인시 이동면 서리 등에는 지금도 대규모의 가마터들이 남아 있습니다. 청자 제작 초기에는 중국의 월주요계 청자기술을 유입하여 새로운 가마 축조와 원료 사용에 영향을 받았습니다. 이 시기에는 청자뿐만 아니라 백자도 함께 생산되었습니다. 그러나 10세기 후반 거란의 침

12세기 중반   12세기 후반   13세기

인종(1122-1146) 장릉 청자 일괄 출토   상감청자 제작 활성화   점차 청자 질 퇴보
문공유(1088-1159) 묘 청자상감무늬완출토   명종(재위1170-1197) 지릉 청자상감무늬대접 출토
의종 11년(1157) 양이정 청자기와

▲ 경기도 시흥 방산동 자기 가마터

▲ 경기도 시흥 방산동 가마터 출토 청자 ©문화재청

입으로 기존의 청자가마 운영이 어려워지고, 배로 공물을 개경까지
운송하는 조운제도가 확립되면서 청자 가마가 중서부에서 남서부
로 이동하게 됩니다. 남서부 일대의 청자가마는 점토가마로, 기존의

더 알아봅시다

청자 '순화사년(淳化四年)'명 항아리   이 항아리는 현존하는 고려청자 중에서 연대가 가장 오래
된 것 중 하나입니다. 굽 안 바닥에 '순화사년계사 태묘제일실 향기장 최길회조(淳化四年癸巳太
廟第一室享器匠崔吉會造)'라는 명문이 새겨져 있는데, 993년(성종12년)에 태묘의 제기로 쓰기 위
해 장인 최길회가 만든 것입니다. 표면은 황갈색에 가까운 청자유가 얇게 씌어졌고 잔잔한 빙
렬이 전체를 꽉 채우고 있습니다. 이 항아리가 보여주는 태토와 유약색은 고려청자의 초기 모
습을 잘 보여줍니다. 현재 이화여자대학교 박물관에 소장되어 있습니다.

압출양각기법이란?•
문양을 음각기법으로 새긴 문양틀인 도범을 반건조 상태인 그릇 위에 올려 놓은 후 아래로 눌러 양각문양을 찍어내는 기법이다.

벽돌가마보다 길이가 줄어들었으나 생산지의 수는 증가하여 청자의 생산량이 크게 늘어났습니다. 대표적으로 전남 강진지역은 최고급 청자를 제작하는 가마들이 세워져 고려 후기까지 활발히 운영되었습니다.

▌ 청자 제작기술이 발달하다 ▌

10세기 이후 국내에서 청자 생산이 시작된 이후부터 전라남도 강진이 요업의 중심지로 자리 잡는 11세기까지 청자의 제작 기술이 안정되고 기형과 문양이 다양해집니다. 11세기부터 고려의 제도가 정비되고 기틀이 다져지는 분위기 속에서, 고려의 생활문화에 맞는 청자가 제작되었고 형태와 문양도 점차 고려식으로 변화되기 시작했습니다.

이 시기에는 고급 청자에 음각, 양각 기법을 이용한 문양들이 장식되었습니다. 특히 압출양각기법•을 도입한 양각청자가 생산되었으며, 이 기법을 통해 청자의 대량생산이 가능해지고 그릇의 형태, 크기, 문양이 규격화되는 등 청자 생산에 획기적인 전기가 도래했습니다. 이에 따라 11세기에는 청자의 사용계층이 보다 넓어졌고 청자의 품질 역시 여러 계층에 맞추어 다양하게 생산되었습니다.

청자가 전성기를 구가하던 시기에 운영된 중심 가마터들의 위치는 현재 전라남도 강진과 전라북도 부안 일대입니다. 강진과 부안에서 제작된 청자는 고려청자를 대표하는 특유의 빛깔과 다양한 조형감각, 그리고 정교한 장식기법이 어우러진 성숙한 제작수준을 보여줍니다. 이에 비해 강진과 부안 외의 다른 지역에서 제작된 청자들은 고려인들의 많은 수요를 충족하기 위한 것으로, 상대적으로 낮은 품질로 대량 제작했습니다.

▌'천하제일 고려비색'이라 불리다 ▌

11세기 후반부터 청자는 조형과 양식적인 측면에서 이전과 다른 커다란 변화를 보이며 고려청자만의 고유한 성격을 형성하기 시작했습니다. 고려청자가 처음 제작되었을 당시만 해도 유색은 월주요 청자와 유사한 녹갈색 계통이었습니다. 그러나 점차 고려의 풍토와 취향에 맞는 유약과 태토(胎土)를 개발하여 12세기 전반 동안에 유층이 두껍고 은은한 옥빛을 띠는 청자가 완성되었습니다.

▲ 〈청자참외모양병〉
ⓒ문화재청

청자의 색은 각 지역에서 산출되고 배합된 태토와 유약이 겹쳐지고 현지 장인들의 기술이 반영되어 발색된 결과입니다. 청자는 대개 청색계열의 자기를 아우르는 용어이지만 국가마다 다른 고유의 색을 냅니다. 그 중 고려청자의 유약은 초록이 섞인 푸른 옥색과 흡사하고 투명에 가까우며 태토의 색은 흐린 회색입니다. 고려청자의 색은 태토와 유약의 색이 겹쳐지고 고려 장인의 기술력으로 조합된 최종 결과인 것입니다.

▲ 〈청자죽순모양주자〉
ⓒ국립중앙박물관

12세기 고려청자의 빛깔은 '비색(翡色)'이라 불렸습니다. 고려청자의 비색이란 표현은 중국까지 알려지고 칭송되었습니다. 실제로 최근 중국 남송의 수도가 있었던 항주에서 최상급의 고려비색 청자들이 출토되고 있습니다.

▲ 〈청자기와〉
ⓒ국립중앙박물관

더 알아봅시다

남송의 태평노인이 고려비색을 노래하다 중국 남송(南宋)대 태평노인(太平老人)이 지었다는 『수중금(袖中錦)』에는 천하의 명품을 열거한 대목이 나옵니다. "건주(建州)의 차, 촉(蜀)의 비단, 정요(定窯)의 백자, 절강(浙江)의 칠기 고려비색(高麗翡色)… 모두 천하의 제일인데, 다른 곳에서는 따라하고자 해도 도저히 할 수 없는 것들이다"라는 내용에는 천하제일로 품평한 지역별 산품 가운데 고려의 비색청자가 포함되어 있었다는 사실을 알 수 있고, 이를 통해 당시 고려청자의 높은 위상을 알 수 있습니다.

▎ 청자에 다양한 장식기법이 사용되다 ▎

청자는 고려 불교문화와 귀족사회의 취향을 대변하면서 11세기 말부터 12세기 사이에 비약적인 발전을 이루었습니다. 이는 양적인 증가뿐만 아니라 상감, 음각, 양각, 첩화, 퇴화 등의 다양한 장식기법의 발달, 기종의 다양화, 우아한 형식미 구현 등을 통해 잘 알 수 있습니다.

청자는 표면장식에 따라 순청자, 음각청자, 양각청자, 상감청자, 철화청자 등으로 나뉩니다. 그 가운데 순청자는 무늬장식이 없는 무문청자이며, 음각청자는 순청자 위에 음각기법으로 장식문양을 새겨 넣은 것입니다. 양각청자는 조각칼로 무늬를 도드라지게 깎거나 문양틀을 사용하여 눌러 찍어 무늬를 도드라지게 하는 것입니다. 상감청자에서 무늬를 음각으로 새기거나 파내고 여기에 붉은색의 자토와 흰색의 백토를 메운 뒤 유약을 입혀 구워낸 것입니다. 철화청자는 유약을 입히기 전 붓에 철분안료를 묻혀 무늬를 그리거나 칠을 한 것입니다. 그 밖에 그릇의 몸체를 도구로 뚫어 무늬를 조각을 하는 투각, 백토를 사용하여 그림을 그리거나 점을 찍는 백화(혹은 퇴화), 서로 다른 색의 흙을 섞어 장식효과를 준 연리, 사람이

▲ 〈청자상감모란당초무늬
표주박모양주전자〉
ⓒ국립중앙박물관

▲ 〈청자상감모란무늬
항아리〉
ⓒ문화재청

▲ 〈청자철화버드나무
무늬통형병〉
ⓒ문화재청

▲ 〈청자양각연꽃잎무늬잔과
뚜껑〉ⓒ국립중앙박물관

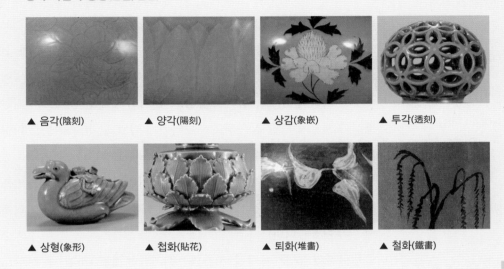

청자 기법과 명칭(한글, 한문)

▲ 음각(陰刻)   ▲ 양각(陽刻)   ▲ 상감(象嵌)   ▲ 투각(透刻)

▲ 상형(象形)   ▲ 첩화(貼花)   ▲ 퇴화(堆畵)   ▲ 철화(鐵畵)

나 동물의 형태를 본떠 만든 상형, 액체상태의 금을 붓에 묻혀 무늬를 그린 화금, 산화동으로 무늬를 그린 동화 등 다채로운 기법이 청자 장식을 위해 동원되었습니다.

　이처럼 청자에는 흙으로 할 수 있는 거의 모든 종류의 성형 및 장식 방법이 시도되었다고 할 수 있습니다.

상감청자가 제작되다

고려비색이 정점에 달했던 12세기경, 고려인들은 상감(象嵌)이라는 공예기법을 과감히 도자에 적용하여 성공을 거둡니다. 고려 초부터 자기에 상감기법을 활용하여 장식하기는 했지만 극히 일부에 불과하였습니다. 본격적으로 상감기법이 활용된 시기는 고려 중기부터로, 12세기부터 고려청자의 대표 장식으로 부상하여 13세기까지 상감청자의 전성기를 누립니다. 상감은 바탕이 되는 재료의 성격이 서

입사(入絲)란?*

주조된 금속기의 표면에 홈을 판 뒤, 그 속에 다른 금속을 두드려 넣는 기법입니다. 이와 같은 방법은 청자의 상감기법뿐만 아니라 목공예의 나전칠기 제작 방식과도 유사합니다.

백토(白土)란?**

도자기를 만들 때 쓰는 백색의 흙으로, 높은 온도에서 구워낼 때에도 백색을 유지합니다.

자토(赭土)란?***

자토 또한 굽기 전에는 백색의 점토이지만, 높은 온도에서 굽게 되면 검은색이 됩니다.

로 다르거나, 바탕과 색이 다른 물질을 집어넣는 보편적 공예기법으로 동서양에서 모두 오래전부터 해 오던 것으로, 고려의 금속공예에서는 입사*라는 이름으로 사용되고 있었고, 나전칠기의 장식기법으로도 상감장식을 활용했습니다. 청자의 경우 몸체의 무늬 부분을 선 또는 면으로 파낸 후, 문양 부위나 바탕에 백토**나 자토***를 넣어 메우고 다듬어 유약을 입혀 구웠습니다. 따라서 문양은 백토에 의한 백색과 자토에 의한 검은색으로 나타나게 되었고, 청자의 푸른 바탕 위에 백색과 흑색은 강한 색채의 대비를 이루었습니다.

이 시기 중국 북방지역에서도 상감기법이 도자기 장식방법으로 활용되기도 하였으나 공예장식으로 높은 수준의 성취는 고려에서 이루어졌습니다.

상감청자 중 제작된 시기가 비교적 분명한 유물 중 하나로 19대 명종(재위 1170년~1197년)의 능인 지릉(智陵, 1202년)에서 출토된 〈청자상감여지무늬대접〉이 있습니다. 대접의 형태와 문양의 모양이 단정하며, 백토와 자토를 넣어 내면에는 여지(荔枝)무늬를 상감하고 외면에는 모란무늬를 장식했습니다. 부안 유천리에서 같은 상감청자 조각이 확인되었습니다. 고려의 상감청자 중 가장 유명한 것은 간송미술관 소장의 〈청자상감운학무늬매병〉입니다. 둥글게 부푼 몸체에서 아래로 내려올수록 우아한 곡선을 그리며 좁아졌다가 약간 벌어지는 기형을 '매병'이라 부릅니다. 〈청자상감운학무늬매병〉은 기면 전체에 원을 일정하게 배치하여 그 안밖으로 구름과 학을 흑백 상감기법을 장식했습니다.

고려청자의 문화가 확산되다

고려 후기인 13~14세기에는 몽고가 침입하고 남해안에 왜구가 잇따라 출몰하면서 고려 사회는 큰 혼란에 빠졌습니다. 이 시기 조세

▲ 〈청자음각연화
당초무늬매병〉
ⓒ문화재청

▲ 〈청자음각연화
절지무늬매병〉
ⓒ문화재청

청자 매병(梅瓶) 매병이란 입이 작고 어깨가 벌어졌으며 동체가 길쭉한 형태의 그릇입니다. 기존에는 매병을 화병이거나 술 혹은 음료를 담는 병으로 추정하였습니다. 그러나 최근 서해안 마도 인근에서 고려시대 난파선을 발굴하는 과정에 매병과 함께 죽찰(竹札)이 여러 점 확인되었습니다. 고려 죽찰 앞면에 "중방도장교오문부(重房都將校吳文富)"라 하여 8자의 묵서명이, 뒷면에 "택상정밀성준봉(宅上精蜜盛樽封)"이라

▲ 〈죽찰〉
ⓒ문화재청

하여 7자의 묵서명이 쓰였습니다. 죽찰의 내용에 의하면 중방 도장교라는 무관직을 맡은 오문부라는 자에게 준(樽)에 좋은 꿀(精蜜)을 담아 보냈다는 사실을 알 수 있습니다. 당시 매병이 꿀이나 참기름을 담는 선물용으로 활용되었음을 확인할 수 있습니다. 더불어 당시 매병을 '준'이라 불렀다는 사실도 확인됩니다.

제도가 흔들리고 강진과 개성의 뱃길을 잇는 조운로가 마비됨에 따라 고급청자를 제작하던 강진과 부안의 요업이 흔들리게 되었습니다. 일부 고급품을 제외하면 고려청자도 전반적으로 퇴보하는 양상을 보입니다.

　중앙의 통제력이 약화되자 장인들이 강진과 부안을 떠나 전국으로 흩어지면서 특정 지역에서 청자를 집중적으로 생산하던 체계가 아닌 전국 각지에 분포한 지방 가마에서 소규모로 청자를 만들어내는 새로운 국면이 전개됩니다. 이 시기 청자 생산이 확대되어 이전보다 사용계층이 늘어나게 됩니다. 동시에 청자의 유색과 태토의 질이 떨어지고 문양도 매우 간략해지면서 전체적으로 질이 하락했습니다. 고급청자를 생산할 때 갑발*을 사용해 엄선된 수준의 청

갑발이란?*

가마에 자기를 구울 때 자기 위에 씌운 큰 그릇을 말합니다. 규석(硅石)이 많이 섞인 점토로 높은 온도의 불에 잘 견디도록 제작되었습니다. 갑발 속 자기에 재가 앉는 것을 방지하고, 번조 과정에서 일정한 온도를 유지시켜줍니다.

자를 구웠던 것과 비교하면 고려 말에는 청자를 갑발에 넣어 구운 예가 드뭅니다. 이 시기 고려청자에는 간지(干支)를 상감해서 제작연도가 표시되기도 하는데 헤이해진 청자 공납 관리를 강화하는 과정에서 고안된 방편이었습니다.

이처럼 고려의 국운과 함께 고려 후기 청자도 하락의 길로 들어서기는 했으나 자취없이 사라지는 것이 아니라 조선시대의 분청사기라는 새로운 자기의 형태로 자연스럽게 이어지게 됩니다.

▌ 청자가 뱃길로 운송되다 ▌

고려시대에는 세금으로 곡식을 거두고 공물로 각지의 특산품을 바치게 하였습니다. 세곡과 공물을 전역에 분포한 13개의 조창에 모았다가 뱃길을 이용한 조운을 통해 중앙에 납부하였습니다. 전라도 강진과 부안의 고려청자도 이러한 조운을 통해 서해안을 따라 운송되었는데, 그 중 적지 않은 배들이 뱃길에서 사고를 당해 가라앉고 말았습니다.

침몰선에서 발견되는 고려청자는 강진과 부안에서 만들어진 종류들로 세금으로 납부된 것인지 혹은 진상품°인지는 아직 단정하기 어렵지만, 청자가 뱃길을 이용한 조운으로 개경까지 운송되었다는 것은 분명합니다. 현재까지 서해안의 태안, 군산, 보령, 완도, 무안 일대에서 고려청자를 운송하던 침몰선들이 발굴 및 조사되고 있어 해양 루트가 도자 수송에 중요한 역할을 하였음을 알 수 있습니다.

바다에서 건져 올린 유물은 송, 원 시기의 복고풍 그릇들과 차, 향, 꽃꽂이 등과 관련된 완상품들로 이루어진 도자기를 비롯해 동전, 자단목, 금속품 등 그 종류와 수량이 매우 풍부합니다. 신안 해저선에서 인양된 유물들은 한국에서 제작된 것은 아니지만, 도자기가 뱃길로 운송되던 14세기 동아시아의 해상교역과 문화 교류 양상

신안 해저 유물 신안 해저선은 신안 증도 앞바다에 가라앉은 중국 침몰선입니다. 이 침몰선에서 많은 유물이 출수되었습니다. 1975년 8월 신안 증도 앞바다에서 한 어부의 그물에 도자기 6점이 건져 올라왔는데, 이 도자기들은 중국의 원나라(1271~1368) 때 존재한 용천요(龍天窯)에서 만든 청자였습니다. 이후 9년여 동안의 탐사작업을 통해 배와 함께 실려 있었던 2만 4천여 점이라는 엄청난 양의 문화재를 건져 올렸습니다. 조사 결과 해저선은 중국 푸젠성에서 제작된 것으로 확인되었고, 중국 경원(慶元, 현재 寧波)항을 출발하여 일본 규슈 하카타(博多) 항으로 가던 중 신안 앞바다에서 침몰한 것으로 밝혀졌습니다.

▲ 해저 유물 인양모습   ▲ 인양 유물 수습 모습 ⓒ문화재청

을 보여주고 있습니다.

▌청자향로, 고려의 향 문화를 보여주다 ▌

고려시대에는 다양한 형태의 청자 향로가 사용되었습니다. 고려시대 향은 고려인의 생활문화에서 빠질 수 없는 요소였으므로, 향을 피우기 위한 도구인 청자향로도 다수 제작되었습니다. 향로 중에서도 사자, 기린, 토끼 형태 등을 본떠 만든 상형청자들이 다수 전합니다.

　고려의 상형청자에 대한 기록으로 1123년 서긍(徐兢, 생몰년 미상)이 송 휘종이 파견한 국신사 자격으로 들어와 고려에 머물면서 기록

▲ 〈청자사자장식향로〉
©국립중앙박물관

▲ 〈청자투각칠보무늬향로〉
©국립중앙박물관

한 『선화봉사고려도경』에도 '산예출향(狻猊出香), 즉 사자 형태를 본떠 만든 향로에 대해 '가장 정교하고 빼어나다'고 언급한 바 있습니다.

〈청자사자장식향로〉(국보)는 뚜껑 위에 사자가 올라가 있고, 향을 피우는 몸체에는 짐승 얼굴의 다리가 붙어 있습니다. 몸체에 향을 넣고 뚜껑을 덮으면, 향이 사자의 입을 통해 빠져 나오는 구조입니다. 사자의 살짝 벌린 입 속에 보이는 이빨, 목덜미의 구불거리는 갈기, 목에 달린 방울 그리고 오른쪽 발에 잡고 있는 보주 등이 정교하게 표현되었습니다. 서해안 태안 마도섬에서 비슷한 형태의 사자 향로 두 점이 인양된 사례가 있어 당시 사자 향로가 유행했던 경향을 읽을 수 있습니다.

〈청자투각칠보무늬향로〉(국보) 역시 고려의 향로를 대표하는 작품이자 12세기 고려청자의 절정기를 확인할 수 있는 작품으로 손꼽힙니다. 이 향로의 뚜껑은 공 모양으로 서로 연결된 기하학적 무늬가 투각되어 있고, 그 아래 몸체는 풍성한 연꽃잎으로 감싸져 있고, 향로 전체를 세 마리의 토끼가 떠받치고 있습니다. 안정된 형태에

 더 알아봅시다

건축에 사용된 청자 고려시대에는 건축물의 지붕에 얹는 기와를 청자로 제작하기도 했습니다. 『고려사』에는 1157년(의종11) 양이정을 짓고 청자로 기와를 얹었다는 기록이 전합니다. 강진의 사당리 요지 발굴조사에서 암막새, 수막새, 암키와, 수키와 등의 다양한 종류의 청자 기와가 300여 편 출토되었습니다.

▲ 〈청자양각모란무늬수막새〉
©국립중앙박물관

섬세한 문양이 갖가지 기법으로 장식된 향로로, 칠보무늬°라고 불리는 기하학무늬 사이의 구멍을 통해 향이 사방으로 퍼지도록 고안되었습니다.

▌금속공예가 발달하다 ▌

고려시대는 금속공예의 전성기로 은제 도금 또는 은으로 만든 다기(茶器)와 주기(酒器), 향과 약그릇 등이 많았고, 민간에서도 청동그릇을 사용했다는 기록으로 미루어보아 금속공예품의 사용계층의 범위가 전보다 넓어졌습니다. 불교공예품은 향로, 촛대, 꽃병으로 이루어진 공양구의 사용이 보편화되었습니다. 입사기법을 적용한 불교공예품은 종교적 상징성과 아름다움이 조화된 고려시대 금속공예의 정수라 할 수 있습니다. 고려시대 은입사 공예나 나전칠기에서 시도된 기법은 동시기 청자의 상감기법에도 영향을 미쳤습니다.

칠보무늬란?°

길상여의(吉祥如意), 자손길경(子孫吉慶), 장명부귀(長命富貴) 등 복과 장수 등의 의미를 지니고 있는 무늬입니다. 고대 건축을 비롯하여 가구, 의복, 도자기 등에 길상무늬로 사용되어왔습니다.

포류수금문(蒲柳水禽文)이란?°°

언덕 위로 길게 늘어진 버드나무, 그 주위로 오리를 비롯한 물새들이 헤엄치거나 날아오르는 서정적인 물가 풍경을 의미하는 용어입니다.

정병(淨瓶)이란?°°°

맑은 물을 담아두는 병으로, 본래 승려가 지녀야 할 열 여덟 가지 물건 중 하나였으나 점차 불전에 바치는 깨끗한 물을 담는 그릇으로 사용되었습니다.

▲ 세부 입사기법으로 장식된
　　포류 수금문

▲ 〈청동은입사포류수금문°°
　　정병°°°°〉ⓒ문화재청

 더 알아봅시다

은제도금탁잔을 통해 본 고려시대 금속공예기술 고려시대에는 금속공예 기술로 제작한 금은기가 남아 있는데, 보물로 지정된 은제도금탁잔도 이에 해당합니다. 탁잔은 주로 술이나 차를 따라 마시기 위한 받침이 달린 잔입니다. 이 유물은 은으로 제작한 후 도금을 한 잔과 받침(탁)으로 구성되어 있습니다. 잔은 꽃잎이 6개 달린 꽃모양이며 바깥 면에 음각으로 모란무늬를 새기고 입 부분에는 꽃무늬를 세밀하게 장식했습니다. 탁은 중심을 둘러싸고 꽃잎 형태의 넓은 전이 둘러져 있는데, 전의 윗면에 연화

▲ 〈은제금도금잔과 잔받침〉
ⓒ국립중앙박물관

당초무늬를 음각으로 새겼고 잔을 올려놓는 부분에는 꽃송이를 돋을새김[打出]을 이용해 입체적으로 표현했습니다. 돋을새김이란 철판 밑에 모형을 대고 두드려 그 모형과 같은 모양이 겉으로 나오게 하는 장식기법입니다. 이 유물은 잔과 잔탁의 뛰어난 비례감과 정교한 장식이 두드러져 고려시대 금속공예의 정수를 보여줍니다.

🔊 **감상해 봅시다**

고려의 다양한 도기와 금속공예품은 다음의 장소에 펼쳐져 있어요. 소개된 곳에 방문하여 유물을 직접 감상해보고 자세히 살펴봅시다.

- **국립중앙박물관 고려청자실** | 고려 인종 장릉 출토 청자, 청자투각칠보무늬향로, 청자 사자장식향로 등 국보 및 보물지정문화재 청자 등

- **국립중앙박물관 고려1실** | 고려 청동 정병 등 금속공예품

- **목표해양유물전시관** | 죽찰, 매병 등을 비롯한 신안 해저선 수중 출토 유물

- **이화여자대학교 박물관** | 청자순화사년명항아리, 고려매병, 부안 유천리 청자편 등

제7강

조선의 건축

이런 것들을 배워 봅시다

조선시대 한양에는 다섯 개의 궁궐이 만들어졌습니다. 경복궁, 창덕궁, 창경궁, 경희궁, 덕수궁입니다. 궁궐이 살아있는 왕과 왕비를 위한 건축 공간이라면, 돌아가신 선대의 혼을 위한 공간인 종묘, 육신을 위한 공간인 왕릉을 지어 제사를 지냈습니다. 조선시대 사대부들은 경치가 좋은 곳에 별서(別墅)를 조성하여 속세를 떠나 자연 속에 은거하며 학문과 시문 창작에 집중하였습니다. 조선의 지식인들이 교육 기관으로 활용했던 서원(書院)은 학문의 장이었습니다. 같은 스승 아래 공부한 학생들로 하여금 동류의식을 갖도록 하였고, 각 학파에 따라 구곡 문화를 만들기도 하였습니다.

- 경복궁, 창덕궁, 창경궁, 경희궁, 덕수궁의 변천과 궁궐 특징을 살펴봅시다.
- 별서와 서원을 통해 조선시대 학자들의 학문생활은 어떠했을지 알아봅시다.
- 조선시대 사찰은 고려시대와 달리 산 속 깊은 곳에 지어지게 되었을까요? 그 이유를 생각해봅시다.

찾아가 봅시다

- 경복궁(서울시 종로구)
- 창덕궁(서울시 종로구)
- 창경궁(서울시 종로구)
- 경희궁(서울시 종로구)
- 덕수궁(서울시 중구)
- 종묘(서울시 종로구)
- 소수서원(경상북도 영주시)
- 도산서원(경상북도 안동시)
- 병산서원(경상북도 안동시)

1395년
경복궁 창건
종묘 완공

1405년
창덕궁 창건

1408년
건원릉 축조

1418년
수강궁 창건

▎ 한양에 5대 궁궐이 서다 ▎

서울에 조선시대의 궁궐 다섯 개, 즉 경복궁(景福宮), 창덕궁(昌德宮), 창경궁(昌慶宮), 덕수궁(德壽宮), 경희궁(慶熙宮)이 남아 있습니다. 경복궁은 조선 왕조의 창립자인 태조(太祖, 1392-1398년 재위) 이성계(李成桂)가 서울을 수도로 정하면서 건립하였습니다. 그러나 경복궁은 임진왜란(壬辰倭亂, 1592-1598)에 불타버렸습니다. 폐허로 남아 있던 경복궁은 이후 조선 말기인 고종(高宗, 1863-1907년 재위) 대에 고종의 아버지인 흥선대원군(興宣大院君)에 의해 다시 건립되었습니다.

경복궁은 중심 건물인 근정전(勤政殿)을 중심으로 하여 다른 건물들이 좌우 대칭으로 배치되어 있습니다. 근정전은 조선시대에 왕이 즉위하거나 혼례를 치르는 등의 공식적인 의례나 행사를 거행하는 건물이었습니다. 근정전의 뒤에는 강녕전(康寧殿)과 교태전(交泰

▼ 〈경복궁 근정전〉
▼▶ 〈경복궁 경회루〉

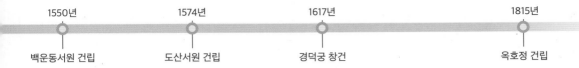
殿)이 일렬로 배치되어 있는데, 강녕전에서는 왕이, 교태전에는 왕비가 살았습니다. 다만 경복궁에서 건물 몇 채는 근정전을 중심으로 하는 좌우 대칭의 배치에서 벗어나 있습니다. 예를 들어 경회루(慶會樓)는 좌우 대칭 구조에서 어긋나 있습니다. 경회루는 경복궁에서 사각형의 연못 뒤에 세워진 높은 건물을 말합니다. 이러한 고층의 건물을 누각이라고 부릅니다. 경회는 임금과 신하가 덕으로써 만나는 것을 의미하며, 경회루는 이러한 의미에 맞게 왕이 여러 신하와 잔치를 벌이는 장소로 활용되었습니다.

창덕궁은 경복궁이 건축된 이후인 1405년에 만들어진 궁입니다. 창덕궁은 규모 면에서 경복궁 다음으로 큰 궁입니다. 창덕궁 또한 임진왜란 때 불타버렸지만, 경복궁과 달리 임진왜란 직후에 다시 건립되었습니다. 임진왜란 이후 조선의 왕들은 불타 버린 경복궁 대신 창덕궁에 머무르며 인정전(仁政殿)이나 선정전(宣政殿)에서

▼〈창덕궁 부용지〉
ⓒ문화재청

정무를 돌봤습니다. 창덕궁의 각 건물은 경복궁과 달리 좌우대칭의 구조를 이루지 않으며, 자연경관과 조화를 이룬 배치가 특징입니다. 특히 창덕궁의 뒤편에 조성된 정원은 이러한 예를 잘 보여준다고 할 수 있습니다. 이곳에는 부용지(芙蓉池)라는 연못이 있으며, 부용지 뒤에는 도서관이 있었는데 이곳을 규장각(奎章閣)이라고 불렀습니다.

창경궁은 원래 수강궁(壽康宮)이라고 불렸으며, 1418년에 왕위에 오른 세종(世宗, 1418-1450년 재위)이 아버지 태종을 모시기 위해 지은 궁이었습니다. 이후 성종(成宗, 1469-1494년 재위)대에 전대 왕비 3명을 모시기 위해 수강궁을 확장하여 세운 것이 바로 창경궁입니다. 창경궁은 창덕궁을 보완하는 기능을 하는 일종의 별궁(別宮)이었기 때문에 왕이 기거하며 정무를 돌보는 궁궐로는 사용되지 않았습니다. 창경궁 역시 여타 궁궐과 마찬가지로 여러 번의 화재를 겪으며 재건축 과정을 거쳤습니다. 1909년에는 일제에 의해 창경궁의 전각 자리에 동물원과 식물원이 만들어지면서 창경원(昌慶苑)으로 격하된 적도 있습니다.

덕수궁의 본래 이름은 경운궁(慶運宮)이었습니다. 경운궁은 조선 초기에 세조(世祖, 1455-1468년 재위)의 손자이자 성종의 형인 월산대군(月山大君)의 개인 저택이었습니다. 경운궁은 임진왜란 이후 경복궁과 창덕궁이 불타 없어졌을 때 선조가 임시로 머물면서 궁궐의

▼ 석조전 앞 정원
▼▶ 덕수궁 석조전 외부
ⓒ문화재청

역할을 하게 되었습니다. 이후 오래도록 사용되지 않았던 경운궁은 고종이 대한제국(大韓帝國)의 건립을 선포하면서 황궁으로 사용되었습니다. 그러나 1907년에 경운궁은 덕수궁으로 개칭되었는데 이는 일제의 압력으로 순종(純宗, 1907-1910년 재위)이 즉위하고 아버지 고종이 황위에서 내려오게 된 사건 때문이었습니다. 황궁이었던 경운궁은 고종이 상왕(上王)이 되자 고종의 장수를 기원하는 의미에서 '덕수'로 명칭을 바꾸게 되었습니다. 대한제국의 황궁이었던 기간에 덕수궁에는 석조전(石造殿)을 비롯한 유럽식 석조건물이 여러 개 건립되었습니다. 현재 석조전은 대한제국의 역사를 보여주는 전시관으로 사용되고 있습니다.

더 알아봅시다

종묘(宗廟) 종묘는 조선의 왕과 왕비의 신주(位牌)를 모신 사당(祠堂)입니다. 사당은 조상에 대한 제사를 지내기 위해서 만든 공간입니다. 유교에서는 사람이 영혼인 혼(魂)과 육신인 백(魄)이 결합되어 있기 때문에 사람이 죽게 되면 영혼은 하늘로 올라가며 육신은 땅으로 돌아간다고 이해합니다. 이러한 사후관에 따라 후손들은 조상이 죽으면 혼을 모시는 묘(廟)를 세우고 시신을 땅에 묻는 묘(墓)를 만들어 조상을 숭배했습니다. 신주는 이러한 조상의 혼이 담겨 있는 나무패입니다. 역대 왕과 왕비들의 신주는 종묘에서 모셔졌습니다. 또한 그들의 시신은 한양 밖에 위치한 능(陵)에 묻혔습니다.
종묘에서 역대 조선의 왕들은 자신들의 조상이자 과거에 왕이었던 이들을 위한 제사를 지냈습니다. 종묘의 중심 건물인 정전에는 조선시대 왕과 왕비의 신주 49개를 총 19칸으로 나누어 모시고 있습니다. 종묘의 앞에는 공신당(功臣堂)이 있는데, 이곳에는 역대 공신들의 신주 총 83개가 있습니다.

▲ 종묘 ⓒ문화재청

경희궁은 원래 경덕궁(敬德宮)으로 불렸습니다. 경덕궁은 광해군(光海君, 1608-1623년 재위) 때 건립되었습니다. 그런데 정작 광해군은 경덕궁을 불길한 궁이라고 생각하여 머물지 않았습니다. 광해군 다음으로 즉위한 인조(仁祖, 1623-1649년 재위)는 경덕궁에 머물렀습니다. 당시에 창덕궁과 창경궁이 이괄(李适, 1587-1624년)의 난으로 모두 불타버렸기 때문이었습니다. 이후 영조(英祖, 1724-1776년 재위)가 경덕궁의 이름을 경희궁으로 바꾸었습니다. 이는 인조의 아버지인 원종(元宗)의 시호인 경덕과 경덕궁의 이름이 같았기 때문이었습니다. 경희궁은 경복궁의 서쪽에 세워졌기 때문에 서쪽 궁궐이라는 의미에서 서궐(西闕)이라고 불렸습니다. 현재 고려대학교박물관에 소장된 〈서궐도안(西闕圖案)〉이라고 불리는 밑그림에는 경희궁의 전각 모습이 잘 남아 있습니다. 경희궁의 많은 전각은 일제강점기 동안 헐려서 현재는 남아 있는 것이 거의 없습니다. 경희궁 터 일부에는 현재 서울역사박물관이 자리하고 있습니다.

왕과 왕비를 왕릉에 모시다

'능(陵)'은 왕과 왕비의 무덤을 이르는 말입니다. 미래에 왕이 될 왕세자와 왕세자빈의 무덤은 원(園)이라고 불렸습니다. 왕이 아닌 대군(大君), 공주(公主), 후궁(後宮)이 묻힌 무덤은 묘(墓)라고 부릅니다. 따라서 왕릉은 왕의 시신이 묻힌 무덤임을 구체화한 말이라고 할 수 있습니다. 그런데 종묘에 신주가 없는 왕과 왕비는 왕릉에 들어갈 수 없었습니다. 예를 들어 조선의 역대 국왕 중 반정(反正)으로 인해 왕의 자리에서 물러난 연산군(燕山君, 1494-1506년 재위)과 광해군(光海君, 1608-1623년 재위)은 종묘에 신주가 없으므로 왕릉이 아니라 묘에 묻혔습니다. 현존하는 왕릉은 총 42기이며, 조선시대의 왕과 왕비들은 모두 한양 외곽 지역에 묻혔습니다. 이는 왕릉이 서울의 사방에 세운 성문인 4대문으로부터 5.2km 정도 떨어져 있어야 한다는 법 때문이었습니다.

유교 국가인 조선에서 왕릉을 정성스럽게 만드는 것은 중요한 의미가 있었습니다. 과거의 왕이었던 조상들께 장엄하게 제사를 지내는 것은 왕권의 정통성과 정당성을 마련하는 일이었기 때문입니다. 왕릉은 풍수지리[●]에 따라 좋은 지역에 배치되었습니다. 이는 죽은 왕을 좋은 터에 모심으로써 국가가 영속하기를 바라는 마음에서 비롯되었습니다.

조선 왕릉은 대다수 비슷한 구조를 가지고 있습니다. 왕릉의 형태는 단릉(單陵), 쌍릉(雙陵), 합장릉(合葬陵) 등으로 다양하였습니다. 단릉은 왕의 시신이 묻힌 반원 모양의 무덤이 하나인 무덤을 이르는 말입니다. 쌍릉은 반원형 무덤이 두 개인 경우, 합장릉은 단릉의 형태이지만 왕과 왕비의 시신을 함께 묻은 경우를 말합니다. 무덤 주변에는 돌을 깎아 만든 동물 조각이 있습니다. 주로 호랑이와 양이 조각되어 있는데, 호랑이는 무덤을 지키는 수호신이며, 양은 사악한 것을 피하고 명복을 비는 기능을 합니다. 또한 동물의 바깥쪽에는 곡장(曲墻)이라는 담장이 있습니다. 무덤 앞에는 정자각(丁字閣)이라는 건물이 있습니다. 이 건물에서 죽은 왕에 대한 제사를 지

풍수지리(風水地理)란?[●]

풍수지리는 산, 물, 땅과 같은 자연의 형세를 인간의 불행이나 행복과 연결짓는 사상입니다. 전통시대의 사람들은 수도, 사찰, 주거지, 묘 자리를 정할 때 풍수지리 사상에 따라 터를 정하곤 하였습니다.

◀ 왕릉 석물
ⓒ문화재청

냈습니다. 정자각 좌우에는 수라간과 수복방이 있어 정자각에서의 제사에 필요한 준비를 할 수 있었습니다. 정자각 앞에는 붉은색으로 색칠된 나무문인 홍살문이 있습니다. 홍살문 밖에는 재실이라는 공간이 있었는데, 이곳에서 제사의 본격적인 준비가 이루어졌습니다.

▌ 사대부들이 별서(別墅)를 조성하다 ▌

조선 사회의 지배 계급에 속한 사대부(士大夫)들은 사회적으로 독특한 지위에 있었습니다. 사대부들은 국가를 위해 일하는 관료이면서 학문을 연구하는 학자였습니다. 특히 사대부들은 관료로서 주로 한양, 지금의 서울에 주로 머물렀습니다. 그러나 국가에서 주는 월급만으로는 경제적으로 풍족한 생활을 이어가기 어려웠기 때문에 서울 근교나 고향 땅에 장원(莊園)을 두었습니다. 장원은 농작물을 재배할 수 있는 대토지로서 사대부들에게 경제적 기반을 마련해 주었을 뿐만 아니라 사대부들이 자연을 즐길 수 있는 은거지로 활용되

▶ 〈옥호정도(玉壺亭圖)〉
　ⓒ국립중앙박물관

별서를 그린 〈청풍계도(淸風溪圖)〉 〈청풍계도〉는 서울의 백악산과 인왕산 사이의 청풍계에 자리한 안동김씨 김상용(金尙容, 1561-1637)의 별서를 보여주는 그림입니다. 이 그림은 조선 후기의 진경산수화로 유명한 정선(鄭歚, 1676-1759)이 그린 그림입니다.

◀ 정선, 〈청풍계도〉
ⓒ국립중앙박물관

었습니다. 사대부들은 장원을 마련하여 그 안에 별서(別墅)를 지었습니다. 별서에서 사대부들은 속세를 떠나 자연 속에 은거하는 생활을 표방하면서 학문과 시문(詩文) 창작에 집중하기도 하였습니다.

별서는 주로 서울과 가까우며 한강 주변에 경치가 좋은 곳에 많이 지어졌습니다. 이러한 별서가 마련되면 별서의 주인들은 저명한 문인들에게 시문을 지어줄 것을 청하였고 때로 전문 화가를 불러 별서와 주변 땅을 그린 '별서도(別墅圖)'라는 그림을 그리도록 하였습니다. 이러한 별서도는 한 집안이 소유한 터전을 그렸다는 점에서 매우 사적인 그림이었으나 당시에 유명한 문인들이 돌려보면서 시문을 남겼다는 점에서 공적인 그림이기도 하였습니다. 즉 별서도를 통해서 사대부들은 가문의 장원을 여러 사람에게 보이고, 명소화(名所化)함으로써 그 영광을 대대손손 전하고자 하였던 것입니다. 대표적인 작품으로는 국왕 순조(純祖)의 장인이자 세도가였던 김조순(金祖淳, 1765-1832년)의 별서를 그린 〈옥호정도〉가 국립중앙박물관에 소장되어 있습니다.

향교(鄕校)란?

지방에 있었던 문묘(文廟)와 그에 속한 관립(官立) 학교입니다.

▎ 서원(書院)과 구곡(九曲)이 발달하다 ▎

서울과 지방에 각각 국가에서 운영하는 학교인 성균관(成均館)과 향교(鄕校)가 있었다면 지방에는 오늘날의 사립학교에 해당하는 서원(書院)이 있었습니다. 서원에서는 학생들에게 유학을 가르칠 뿐만 아니라 선현들에 대한 제사도 이루어졌습니다. 이 때문에 서원의 공간은 크게 선현들에 대한 제사를 담당하는 사당(祠堂)과 학생들이 교육을 받는 강당(講堂), 학생들이 거주하는 생활 공간으로 나뉘었습니다.

현재 성균관의 구조는 크게 제사의 공간과 교육의 공간으로 나눕니다. 외삼문(外三門)을 통해 들어가면 공자의 위패를 모시는 전각인 대성전(大成殿)이 있습니다. 여기에 앞서 말한 성현들의 신주가 모셔져 있습니다. 대성전 양옆에는 동무(東廡)와 서무(西廡)가 있습니다. 동무와 서무는 대성전에 모셔진 성현들 외에 유학의 역사에서 중요한 인물 112명을 모신 공간입니다. 또한 대성전 뒤에는 유학을 배우는 학습 공간인 명륜당(明倫堂)이 있습니다. '명륜'은 인간사

성균관(成均館) 성균관은 유학을 가르치는 조선시대 최고의 국립 교육기관이었습니다. 성균관은 고려시대부터 존재하였는데 국학(國學), 국자감(國子監), 성균관으로 불리다가, 조선시대에는 성균관이라는 이름으로만 불리게 되었습니다. 성균관은 조선시대 내내 여러 번의 재건축과 보수 과정을 겪었으며, 1869년인 고종 6년에 대대적인 보수를 거쳐 오늘날에 이르고 있습니다. 성균관대학교가 그 맥을 잇고 있습니다.

▲ 명륜당

회의 윤리를 밝힌다는 뜻입니다. 명륜당의 양옆에는 오늘날의 대학 기숙사에 해당하는 동재(東齋)와 서재(西齋)가 있었는데 동재에는 생원이, 서재에는 진사가 살았습니다. 명륜당 뒤편에는 존경각(尊經閣)이 있습니다. 존경각은 성균관 내에 있는 도서관이었습니다.

현재 남아 있는 서원으로는 대표적으로 영주의 소수서원(紹修書院), 안동의 도산서원(陶山書院)과 병산서원(屛山書院)이 있습니다. 소수서원은 조선시대 최초의 사원으로 풍기 지역의 군수였던 주세붕(周世鵬, 1495-1554)이 세웠습니다. 주세붕이 소수서원을 만들었을 당시에 소수서원의 이름은 백운동서원이었습니다. 이 당시에 백운동서원은 유생들에 대한 교육보다 선대 유학자들을 위한 제사를 지내는 공간으로서의 역할이 더 강했습니다. 백운동서원이 독자적인 교육기관으로 자리 잡은 것은 조선 중기의 문신이자 대학자였던 이황(李滉, 1501-1570) 덕분이었습니다.

이러한 서원은 동일한 공간에서 같은 스승 아래 공부한 학생들로 하여금 동류의식을 갖도록 하였습니다. 특히 안동의 도산서원은 이황의 가르침을 이어나가는 서원으로 유명합니다. 이황과 그의 제자들은 중국 송나라의 유학자였던 주희(朱熹, 1130-1200)의 학문을 존경하였기 때문에 주희가 은거하였던 무이산(武夷山)의 구곡계(九曲溪)는 조선의 유학자들에게 이상적인 은거지가 되었습니다. 조선의 사대부들은 주자의 은거지인 무이구곡을 본받아, 자신들의 구곡을 만들기 시작하였습니다. 대표적인 사례로는 이황의 도산십이곡(陶山十二曲), 이이(李珥, 1536-1584)의 고산구곡(高山九曲), 송시열(宋時烈, 1607-1689)의 화양구곡(華陽九曲) 등이 있습니다. 이를 그린 그림들에 대하여는 뒤에서 다룰 조선의 회화에서 좀더 자세히 살펴보겠습니다.

▌ 사찰이 산 속에 세워지다 ▌

고려시대 도심 평지에 사찰이 건축되었던 것과 달리 조선시대에는 사찰이 주로 산 속 깊은 곳에 지어졌습니다. 그러나 여전히 사찰은 신앙과 의례의 생생한 현장이었습니다. 또한 조선의 사찰은 산세와 지형을 이용하여 자연과의 조화를 추구하면서, 전각의 구성과 배치를 통해 불교의 우주관을 상징적

▲ 김수증(金壽增, 1624-1701),
〈고산구곡담기(高山九曲潭記)〉
ⓒ국립중앙박물관

▼ 영축산 통도사
ⓒ문화재청

으로 나타내고자 한 건축물이었습니다.

　　조선 시대 사찰의 법당은 주로 석가모니 부처를 모신 공간인
대웅전(大雄殿)이었습니다. 중앙 마당을 둘러싸고 동, 서쪽에는 승려
들의 생활 공간인 강당, 승방 등을 배치했습니다. 보살, 신중 등 다
른 신들을 모신 건물들은 그 위계에 따라 주변부에 자리했습니다.

감상해 봅시다

조선 27대의 왕과 왕비를 비롯하여 추존왕의 능, 묘 등은 대부분 서울과 경기도 일대에
분포되어 있습니다. 제1대 태조비 신의황후의 제릉, 제2대 정종과 정안왕후의 후릉은 북
한에 위치하며, 제6대 단종의 장릉은 강원도에 위치합니다. 총 40기에 달하는 조선왕릉
이 18개 지역에 조성되어 그 역사적 가치를 인정받아 2009년 유네스
코 세계유산으로 등재되었습니다. 조선왕릉 홈페이지에 방문하여 각
지의 왕릉을 사진을 통해 감상해봅시다.

• 문화재청 궁능유적본부 조선왕릉 http://royaltombs.cha.go.kr/

조선의 불교미술

이런 것들을 배워 봅시다

조선은 억불정책을 내세운 유교 국가였지만 불교미술의 명맥은 끊기지 않았습니다. 오히려 임진왜란과 병자호란 이후에는 불교에 대한 조정의 억압이 완화되고 사찰들의 재건 사업이 진행되면서 불교 조각과 불교 회화의 수요가 크게 늘어났습니다. 조각승과 화승의 유파 활동을 통해 제작된 17세기 이후의 불교미술품은 신도 계층의 확대, 의식 설행의 증가와 같은 불교계의 변화를 반영했습니다.

- 조선 후기 불교의 변화가 불교미술에 어떻게 반영되었는지 알아봅시다.
- 불교 의식을 치를 때 조각과 회화의 역할을 생각해봅시다.

찾아가 봅시다

- 불교중앙박물관(서울 종로구)
- 국립중앙박물관 서화관 불교미술실, 조각·공예관 불교 조각실(서울시 용산구)

수렴청정(垂簾聽政)이란?●

임금이 어린 나이로 즉위했을 때, 국왕의 어머니인 왕대비(王大妃)나 할머니인 대왕대비(大王大妃)가 왕을 도와서 정사(政事)를 돌봄을 이르는 말입니다.

▌왕실이 불교를 후원하다 ▌

조선 초기부터 시행된 억불정책은 수백 년 동안 국교였던 불교의 세력을 크게 축소시켰습니다. 그렇지만 오랜 시간에 걸쳐 정착된 종교문화는 쉽게 사라질 수 없었습니다. 조선의 왕실과 민간의 모든 영역에서 불교는 여전히 중요한 신앙으로 영향력을 유지하고 있었다는 뜻입니다. 왕실에서 태조, 세종, 세조 등의 호불 군주들과 왕실의 여성들이 불교 후원을 이어 나갔습니다. 왕실의 불교 후원은 불교 서적의 간행이나 불교 조각 및 불교 회화 제작의 형태로 나타났습니다.

왕실의 불교 후원자 중 대표적으로 중종의 왕비인 문정왕후(文定王后, 1502-1565)를 들 수 있습니다. 중종의 사후, 문정왕후가 어린 명종을 대신해 수렴청정●하는 동안 불교는 일시적으로 중흥의 시기를 맞았습니다. 문정왕후의 주도로 왕실 사찰인 회암사가 중수되었고 100폭의 불교 회화가 제작되었으며, 불교 의식인

▲ 〈회암사명 약사여래삼존도〉
(문정왕후의 발원으로 제작한 100폭의 불교 회화 중 하나)

무차대회°가 성대하게 열리기도 했습니다. 이는 문정왕후의 개인적인 신앙과 후원에 따른 일시적인 현상으로, 문정왕후의 사후에 불교 중흥의 불꽃은 다시 사그러들었지만, 임진왜란 이후 불교에 대한 탄압은 조금씩 완화되는 양상을 보여줍니다.

전란 후 변화된 불교계에서 불사를 일으키다

임진왜란(壬辰倭亂, 1592-1598)과 병자호란(丙子胡亂, 1636-1637) 이후 불교계는 많은 변화를 겪었습니다. 전쟁 당시 왜군에 맞서기 위해 자발적으로 봉기한 의승군(義僧軍)°°들이 크게 활약한 공을 인정받아, 전쟁 후 불교계에 대한 조정의 억압은 어느 정도 완화되었습니다. 불교의 내재적인 변화도 나타났습니다. 민간 신앙을 흡수하고 기복적 성격을 강화하는 방식으로 일반 백성들의 일상 속으로 파고든 것입니다. 전쟁으로 피폐해진 민심을 위로하는 역할도 했습니다. 그 결과 불교 신앙이 저변화되면서 왕실과 귀족 중심이었던 불교 신도와 후원자는 일반 계층으로 크게 확대되었고, 불교 신앙은 의식 중심으로 변했습니다.

한편 두 차례의 전쟁은 불교미술에도 중요한 분기점이 되었습니다. 전란은 많은 사찰들에 큰 피해를 입혔습니다. 따라서 17세기부터 무너진 전각을 재건하고 내부에 안치할 불상과 불화를 새로 조성하는 불사가 증가했는데, 이는 새로운 불교미술의 등장으로 이

무차대회(無遮大會)란?°

승려·속인·남녀노소·귀천의 차별 없이 널리 일반대중을 대상으로 잔치를 베풀고 재물을 나누며 부처의 지혜를 나누는 대규모 불교 의례입니다.

의승군(義僧軍)이란?°°

임진왜란이 발발하자 승려도 각지의 의병과 함께 전쟁에 자발적으로 참여했습니다. 이후 조직적인 지휘계통을 가지게 되었고, 전쟁 이후에는 국가에 의해 상설화되어 의승군(義僧軍)이라 불렀습니다. 남한산성과 북한산성을 중심으로 한 의승군과 전라좌수영 산하의 의승수군(義僧水軍)이 대표적이었습니다.

어졌습니다. 현재 남아 있는 사찰 대부분은 바로 이 시기에 재건되었고, 불교 조각과 불화 제작 역시 17세기에 급격히 늘어났습니다.

불교 의식이 대중화되다

17세기에 새로 조성된 불교 조각과 불교 회화는 조선 후기 불교계의 변화를 반영하였습니다. 민심을 달래주는 불교 의식이 성행함에 따라 등장한 괘불(掛佛)이 그 예입니다. 괘불은 사찰 마당에서 베풀어지는 야외의식 때 걸리는 높이 8-14m의 불화입니다. 불교 신앙의 대중화에 따라 신도들이 모이는 의식의 공간이 좁은 실내에서 넓은 야외로 확장되었고, 이에 따라 멀리에서도 잘 볼 수 있는 거대한 불화가 필요하게 되었습니다. 이에 등장하게 된 것이 괘불인데, 사찰에서는 평소 괘불을 보관함에 넣어두었다가 의식을 설할 때 꺼내 걸어놓았습니다.

　한편 조선 후기에는 불교미술의 후원자가 사찰이나 지역 유지, 일반 백성들로 확대되면서 상대적으로 비용이 싼 재료인 흙과 나무로 만든 불상이 늘어났습니다. 또한 전각 내부에 의식을 위한 제단이 본격적으로 마련되면서 불상의 모습에도 변화가 나타났습니다. 17세기 이후의 불상들은 삼세불(三世佛)*, 삼신불(三身佛)**의 형식으

▶〈청주 안심사 대웅전, 괘불탱〉
ⓒ대한불교 조계종 총무원 문화부

로 세 구의 불상이 나란히 조성되어 안치되는 경우가 많았고, 제단 위, 즉 이전에 비해 좁고 높은 공간에 놓이게 되었습니다. 이에 따라 어깨를 움츠리며 머리를 약간 숙여 신도들을 아래로 내려다보는 자세의 불상이 등장했습니다. 17세기 초반 제작된 창녕 관룡사 대웅전의 불단과 불상은 이러한 경향을 잘 보여줍니다. 공간과 예배자들의 눈높이를 고려한 조형적 변화입니다.

▌ 조각승과 화승의 활동이 증가하다 ▌

17세기 불교 사원의 재건 사업이 활발해짐에 따라 전각 안에 놓을 불상과 불화에 대한 수요가 크게 증가했습니다. 자연스럽게 불상과 불화를 제작하는 승려인 조각승(彫刻僧)과 화승(畵僧)의 수도 늘어났습니다. 이들은 우두머리인 수화사(首畵師)를 중심으로 여러 명의 보조 승려들이 공동으로 작업하는 방식으로 불교 조각과 회화를 제작했는데, 이에 따라 사승관계를 바탕으로 한 유파가 형성되었습니다. 조각승과 화승들의 유파는 주로 특정 지역이나 사찰을 중심으로 활

▼ 〈목조석가여래삼불좌상〉
ⓒ문화재청

불상과 복장 복장(腹藏)이란 불상을 조성하면서 불상 안에 여러 가지 불교적 상징물을 넣는 행위를 말합니다. 하나의 조각상에 종교적 생명력을 불어넣는 성스러운 의례로, 복장 의식을 거쳤을 때 비로소 불상은 살아있는 부처님으로 인식됩니다. 불상 내부에 넣는 복장물로 사리, 오곡, 오색실, 경전, 종이, 직물, 의복, 다라니, 만다라, 후령통, 발원문 등이 있는데, 불상뿐 아니라 성스러운 상징물인 복장물 역시 신앙의 대상이 되기도 합니다. 불상을 조성한 장소와 시기, 조성 사유, 발원자 등을 기록한 발원문을 통해서는 불상의 조성 경위와 시기를 알 수 있습니다.

복장 의식은 고려 중기인 12~13세기 이전에 시작되었습니다. 이후 점차 널리 행해져서 조선 시대에는 불상 대부분에 복장물을 넣은 흔적이 발견되었습니다. 복장 의식이 보편화된 1500년대에 불상을 조성하는 의미와 의식에 관한 여러 내용을 체계적으로 망라한 의식집인 〈조상경(造像經)〉이 성립되며 복장 의식은 더욱 체계화되었습니다. 일반 신도들에게 공개되지 않고 승려들에 의해 비밀스럽게 전수되어온 복장 의식과 복장물은 종교적 상에 대한 당대인들의 인식을 보여주는 일종의 타임캡슐이며 한국의 독자적인 전통 불교 유산입니다.

▶ 〈지장암 비로자나불에서 나온 복장물〉
ⓒ국립중앙박물관

동하였지만 때때로 다른 지역의 불사에 참여하거나 여러 유파가 공동으로 작업을 하기도 했습니다.

각 유파는 고유의 조형성과 기법을 스승에서 제자로, 선배에서 후배로 전수하며 자신들만의 양식적 특징을 형성하였습니다. 불상의 양식적 특징은 얼굴 표현, 옷자락, 신체 비례, 양감 등에서 나타나고 불화는 구도, 색채, 세부 신체 표현에서 드러납니다. 같은 유파에 속한 조각승과 화승들의 작품은 이러한 측면에서 유사성이 나타납니다. 17세기 이후 불교미술은 조각승과 화승들, 그리고 이들이 속한 유파들에 의해 전개되며 조선 불교미술의 독창성을 드러냈습니다.

▲ 신겸 등, 〈영산회 괘불〉 ⓒ문화재청

화승 신겸과 청주 안심사 영산회 괘불탱

17세기 중반 청주에서 활동한 승려 신겸(信謙)은 충청도 지역의 괘불에 수화승으로 이름을 남긴 화승입니다. 신겸의 작품 중 1652년에 그린 청주 안심사의 영산회 괘불은 석가모니 부처가 영취산에서 문수보살, 보현보살, 범천, 제석천, 제자들 등 여러 권속들에게 설법하는 장면을 7미터가 넘는 커다란 화폭에 그린 그림입니다. 붉은색과 녹색을 위주로 한 화려한 색채와 제자들의 얼굴에 가한 음영법이 돋보입니다. 이 작품에 나타나는 얼굴 표현이나 음영법, 문양 등은 청주 보살사 괘불, 전의 비암사 괘불 등 신겸의 다른 괘불 작품들과 유사합니다. 수화승인 신겸의 양식적 특징이 그의 작품에 꾸준히 드러나는 것입니다. 그러나 신겸이 혼자서 괘불을 제작한 것은 아니었습니다. 그는 매번 5~9명의 보조 화승들과 함께 작업했습니다. 보조 화승 중 일부는 신겸의 작품에 계속 참여하기도 했지만, 다른 이들은 다른 수화승의 작업에 동원되기도 하고, 이후에는 스스로 수화승이 되어 작품 제작 전반을 지휘하기도 했습니다.

감상해 봅시다

조선시대 불교 회화의 흐름과 특징을 살펴볼 수 있는 곳은 국립중앙박물관 상설전시실의 서화관 불교미술실과 조각·공예관 불교 조각실입니다. 방문하여 다양한 유물을 실물로 직접 감상해보고 자세히 살펴보아요. 불교중앙박물관의 홈페이지에서는 VR을 통해 웹상에서 전국 각지의 사찰과 불교미술품을 감상할 수 있습니다.

· 국립중앙박물관 상설전시실 서화관 불교미술실 | 조선시대 불보살
   도, 신중도, 괘불 등

· 국립중앙박물관 상설전시실 조각·공예관 불교 조각실 | 조선시대 석
   조, 목조, 금동 불보살상 등

· 불교중앙박물관 | http://museum.buddhism.or.kr/

조선의
도자와 공예

이런 것들을 배워 봅시다

조선 초기에는 고려청자의 제작 전통이 계승, 변화되어 분청사기가 만들어지고, 곧이어 백자가 생산되었습니다. 백자는 청자, 분청사기보다 더 높은 온도와 정결한 원료로 구워야 하는 까다로운 제작 방식을 요합니다. 백자의 생산과 소비가 늘어나면서 분청사기는 16세기 이르러 사라지게 됩니다. 임진왜란 이후에는 구하기 힘든 청화안료 대신 철화안료로 장식된 철화백자가 생산되었습니다. 조선 후기에는 백자 생산기술의 발전과 상업의 발전으로 다양한 백자가 제작되고 유통되었습니다. 조선의 도자와 더불어 왕실제사 공예품과 목공예품도 살펴봅니다.

- 분청사기의 다양한 기종과 장식을 살펴봅시다.
- 중앙 관청이 운영하는 분원은 어느 지역에 설치되었을까요? 그 지역에 분원이 설치된 이유도 생각해봅시다.
- 순백자, 철화백자, 청화백자의 차이를 비교해봅니다.
- 조선 목공예의 특징을 알아봅니다.

찾아가 봅시다

- 국립중앙박물관 조각·공예관 분청사기실, 백자실, 목칠공예실(서울시 용산구)
- 국립고궁박물관 왕실의례관 (서울시 종로구)
- 한국가구박물관(서울시 성북구)

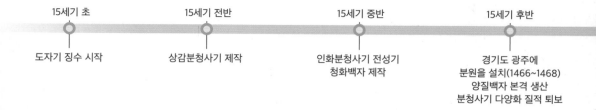

15세기 초   15세기 전반   15세기 중반   15세기 후반

도자기 징수 시작   상감분청사기 제작   인화분청사기 전성기
청화백자 제작   경기도 광주에
분원을 설치(1466~1468)
양질백자 본격 생산
분청사기 다양화 질적 퇴보

분청사기란?

분청사기는 '회청사기에 백토로 분장을 했다'는 뜻의 분장회청사기(粉粧灰靑沙器)의 준말로, 한국 최초의 미술사학자인 고유섭(高裕燮, 1905-1944) 선생에 의해 작명되었습니다. 회청사기란 철분이 함유된 점토로 성형하여 청자계 유약을 입힌 것을 말합니다. 또 분장이라는 뜻은 백토로 표면을 칠하는 경우가 많아지고 덧바른 백토가 장식이 되면서 붙여진 용어로, 이를 줄여서 '분청'이라 부르게 된 것입니다.

▌ 분청사기가 활발하게 제작되다 ▌

도자의 역사에서 볼 때, 조선 전기는 고려청자의 제작 전통이 계승, 변화되어 분청사기(粉靑沙器)가 만들어지고, 곧이어 백자가 본격적으로 생산되기 시작하는 시기입니다. 우선, 분청사기는 고려 말 청자를 제작하던 장인들이 전국 각지로 흩어지면서 그들의 기술과 제작지의 특색이 결합된 자기들입니다. 조선 초 공물체제가 정비되는 과정에서 지방 생산품을 나라에 공납하도록 했고, 지방에서 중앙으로 공급되는 생산품들 중 하나가 분청사기였습니다. 왕실이나 관청에서 사용할 수 있는 그릇의 품질이 될 수 있도록 형태나 장식이 일정하게 관리되기도 하여 인화무늬분청사기처럼 공통된 특징을 가진 분청사기가 제작되기도 하였습니다. 조선 초기 국가의 도자기 수요가 급증하면서 분청사기가 국가의 공물로 거둬들여지는 과정에서 왕실과 관청의 분청사기가 도난당하거나 회수되지 않는 문제가 발생했습니다.

▲ 〈분청사기철화
모란무늬장군〉

▲ 〈분청사기인화상감
용무늬항아리〉

▲ 〈분청사기담금
무늬사발〉

▲ 〈분청사기음각물고기편병〉
ⓒ국립중앙박물관

16세기 중반   17세기   18세기 중반   19세기

분청사기 제작 소멸   철화백자 제작 청화백자 생산 중단   광주 분원리에 분원 정착 청화백자 유행과 확산   백자 장식기법 다양화 분원 민영화(1884)

▲ 〈'장흥고(長興庫)'가 새겨진
분청사기인화무늬대접〉
ⓒ국립중앙박물관

더 알아봅시다

분청사기에 새겨진 관청명 분청사기에 새겨진 관사의 명칭은 공안부(恭安府), 경승부(敬承府), 인녕부(仁寧府), 덕녕부(德寧府), 인수부(仁壽府), 내자시(內資寺), 내섬시(內贍寺), 예빈시(禮賓寺), 장흥고(長興庫) 등 다양합니다. 관사의 명칭은 그릇의 안팎면에 도장으로 찍거나 칼로 새겨져 있습니다. 우리는 이 관사가 운영된 시기를 근거로 제작시기를 추정할 수 있습니다.

이 같은 폐단을 방지하고자 분청사기를 공납받은 해당 관청의 이름을 그릇에 새겨 투명하게 관리하도록 하였고, 제작지나 제작자의 이름을 새겨 좋은 품질의 분청사기를 제작하도록 하였습니다. 이러한 이유로, 현전하는 분청사기 중 관청이나 장인의 이름을 새긴 유물이 다수 전해집니다. 전국 각지에 분포하는 많은 가마에서 생산된 분청사기는 왕실과 관청뿐만 아니라 일반에서도 널리 사용되었습니다.

분청사기의 기종과 장식이 다양해지다

분청사기의 가장 큰 특징은 표면에 백토를 바르고 그 위에 다양한 소재를 장식하는 여러 가지 방법입니다. 이 장식 방법에 따라 상감, 인화, 철화, 음각, 박지, 담금, 귀얄 등으로 구분할 수 있습니다.

상감기법은 표면에 문양을 음각하고 그 안에 태토와 다른 색인 백토나 자토를 채워 넣어 장식한 종류로 색의 대비에 의한 장식효과를 냅니다. 인화기법은 성형한 그릇에 무늬 도장을 찍어 장식하는 방법으로 도장을 촘촘히 찍으면 정교한 장식효과를 주기 때문에 주로 왕실이나 관청의 그릇의 장식기법으로 활용되었습니다. 특히 인화기법이 사용된 분청사기에는 관청, 생산지, 생산자 이름 등이 새겨지는 경우가 많아 당시 도자기를 공납받아 사용했던 상황을 확인할 수 있습니다. 철화기법은 얇게 바른 백토 위에 산화철을 붓에 묻혀 그림을 그리거나 칠하는 장식입니다. 주로 충청도 계룡산 일대에서 제작된 분청사기에 물고기, 새, 연꽃 등 다양하고 독특한 문양들을 율동감 있게 장식하는 기법으로 쓰였습니다. 음각(조화)기법은 그릇 표면에 백토를 얇게 칠한 후 조각도로 음각하여 장식한 것으로 흰색의 백토와 회색의 바탕흙의 색대비를 줄 수 있습니다. 박지기법은 조각도로 문양을 음각한 후 문양 외의 배경에 남아 있는

더 알아봅시다

분청사기 기법과 명칭(한글, 한문)

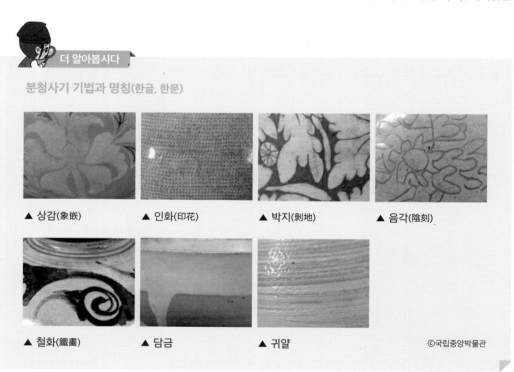

▲ 상감(象嵌)　　▲ 인화(印花)　　▲ 박지(剝地)　　▲ 음각(陰刻)

▲ 철화(鐵畵)　　▲ 담금　　▲ 귀얄

ⓒ국립중앙박물관

백토를 긁어낸 것으로, 역시 색대비의 효과를 보여줍니다. 음각이나 박지로 장식한 분청사기는 주로 전라도에서 제작되었습니다. 담금(덤병)기법은 그릇의 굽을 잡아 거꾸로 들고 백토를 푼 물에 담갔다가 꺼내어 표면에 흰 흙을 씌워 장식한 것입니다. 귀얄기법은 풀을 바를 때 쓰는 넓적한 붓인 귀얄로 백토를 묻혀 그릇의 표면에 얇게 바른 것으로, 붓이 지나간 자국의 질감과 속도감을 바탕색과 흰색의 대비를 통해 느낄 수 있습니다.

분청사기는 매병, 주자처럼 청자의 고유한 형태와 장군, 편병, 자라병* 등 도기의 영향을 받은 형태 그리고 일부 항아리나 고족배처럼 동시기 유행하던 백자를 모방한 형태 등 여러 계통에서 유래한 다양한 기종들로 제작되었습니다. 분청사기는 대부분 일상용기이나 그 외에 각종 의식에 필요한 의례용기로 사용되기도 하였습니다. 예를 들어 제사에 필요한 제기(祭器), 아기의 태를 담아 땅속에 매장하는 데 사용하는 태항아리**, 묘 주인공의 이력을 간략하게 기록한 지석*** 등으로 제작된 분청사기는 인간의 일생과 관련된 특별한 의례를 위해 만들어진 예입니다.

▌ 백자가 다시 제작되다 ▌

백자는 백토로 기물을 만들고 유약을 입혀 1,200~1,300℃ 이상의 고온에서 구운 치밀한 조직의 자기입니다. 백자 태토의 주성분은 고령토(Kaolin)이고, 그 외 석영과 칼륨 등이 함유되어 있습니다. 백자는 높은 온도에서 구워지므로 태토와 유약이 서로 융착되어 흡수성이 매우 낮아지고 강도는 높아집니다. 우수한 백자를 만들기 위해서는 순도가 높은 백색의 태토와 광택이 나는 투명 유약이 필요하고, 이런 좋은 원료를 마련하기 위해서는 높은 수준의 원료 정제기술이 뒷받침되어야 합니다. 또 백자를 제작하고 번조하는 과정에서도 엄

태항아리(胎壺)란?**

조선왕실에서는 왕자나 왕녀가 태어나면 태반과 탯줄을 깨끗이 씻은 다음 항아리에 담아 땅에 묻는 풍습이 있었습니다. 태항아리는 태를 작은 내호(內壺) 속에 담은 후 큰 외호(外壺)에 담는 이중구조로 이루어져 있습니다.

▲ 〈백자태항아리〉
ⓒ국립중앙박물관

지석이란?***

지석은 무덤 속 주인의 일대기를 적은 것으로 무덤 앞에 묻습니다. 부식되거나 썩지 않는 재료인 도자기로 주로 제작되었습니다.

▲ 〈백자청화문 지석과 합〉
ⓒ국립중앙박물관

격한 조건과 발달된 기술이 필요합니다. 예를 들어 번조시설인 가마의 내부에 백토를 발라 깨끗하게 하여 백자에 이물질이 떨어지지 않도록 하고 백토로 만든 갑발에 백자를 넣어 번조하였습니다.

우리나라에서는 이미 고려 초 10세기경부터 백자를 만들기 시작하였고, 그 이전인 삼국시대에는 중국의 백자를 수입하여 사용하기도 했습니다. 그러나 단단한 경도를 가진 경질백자는 조선시대에 이르러 본격적으로 제작되었습니다. 세종대에 이르면, 명나라의 청화백자가 국내로 다수 유입되어 백자에 대한 관심과 수요가 크게 증가하게 됩니다. 중국에서는 13세기 이후 경덕진을 중심으로 하는 관요(官窯)체제를 확립하였는데 이와 같은 중국의 변화도 조선의 백자 생산을 촉진시키는 데 영향을 주었을 것입니다. 이렇듯 백자에 대한 수요가 늘어나면서 제작 기반이 구축되고 생산이 활성화되었습니다.

조선왕실은 명나라 백자의 제작기술을 수용하면서 백자의 전반적인 흐름과 양상을 주도하게 됩니다. 특히 조선왕실은 국가의 법도에 맞는 높은 수준의 공예품을 제작하도록 하면서도, 국가철학인 유교의 정신을 따라 화려한 공예품을 통제하고 깨끗하고 검박한 공예품을 추구했습니다. 이와 같은 배경에서 조선시대에는 특별한 무늬가 없는 백자가 다수 제작되었습니다.

분원이 설치되다

왕실에서는 왕실과 관청에서 사용할 양질의 고급 백자를 공급받기 위해 1466~1467년경을 전후한 시기에 경기도 광주에 중앙 관청이 직접 운영하는 관요(官窯), 즉 사옹원 소속의 분원(分院)을 설치하였습니다. 15세기 전반경 국가에서 필요한 도자기를 전국의 자기소·도기소에서 생산하여 공물로 국가에 바치던 기존의 운영방식이 어려워졌기 때문입니다. 이 문제를 해결하고자 왕실은 국가에서 직접 필요한 도자의 생산과 공급을 관장하게 되었고, 사옹원* 소속의 분원을 설치하였습니다.

경기도 광주는 지리적으로 한강에서 가까워 한강을 이용한 운송이 편리하고 땔감이 풍부하여 가마를 운영하기 적합했습니다. 또 이 지역은 연료와 원료의 수급에도 편리한 조건을 갖추고 있었습니다. 분원이 설치되면서 기존에 도자기를 전국 각지에서 수취하여 공납하던 제도가 폐지되었고 분청사기는 빠르게 쇠퇴하였으며, 이 과정에서 백자를 중심으로 하는 도자기 문화가 뿌리내렸습니다. 그리고 지방에서도 점차 분원을 모방한 백자를 제작하여 조선 전역에 백자가 널리 유통되었습니다.

한편, 분원이 운영되던 경기도 광주군에는 왕실의 땔감을 공급하던 지역들이 있었습니다. 백자가마를 지피기 위해 많은 땔감이 필요했던 분원은 왕실 땔감 공급지 내에서 운영되었습니다. 땔감의 공급여건에 따라 광주군 내에서 여러 곳을 옮겨다니며 운영되었고 대략 10년을 주기로 끊임없이 땔감이 많은 쪽으로 가마시설을 옮겨야 했습니다. 잦은 이동때문에 백자 생산이 불안정하게 되자 땔감 공급 방식을 바꾸기로 하여, 18세기 이후부터 땔감을 주변이 아닌 한강을 지나는 배들에게 세금을 걷어 땔나무를 구입하기로 합니다. 이 덕분에 18세기 초 우천강변의 금사리에서 약 30년 동안 가마가 운영되었고, 1752년(영조28)경부터는 분원리에 분원이 정착되어 더 이상 옮기지 않게 되면서 더욱 안정된 요업을 이루게 되었습니다. 또 동시에 여러 개의 가마를 축조하여 번갈아 가면 대량으로 백자를 생산해 낼 수 있었습니다.

15세기 후반 관요로 설치된 이후 1884년 민간업자에게 운영권이 이양되어 민영화 될 때까지, 분원은 관요로서 꾸준히 운영되었고 조선 관영수공업의 역사상 가장 마지막까지 존속한 곳으로 남았습니다.

사옹원(司饔院)이란?*

사옹원은 조선왕실과 궁궐에 필요한 음식에 관한 일을 맡아보던 관청이었습니다. 사옹원에 속한 관영사기제조장(官營沙器製造場)인 분원에서 궁중과 관청에서 필요한 도자기를 제작하여 조달하였습니다.

▲ 〈백자병〉
ⓒ국립중앙박물관

▌ 백자에 조선의 미감이 드러나다 ▌

조선왕실은 유교를 국가의 통치 기반으로 삼아 사치를 지양하고 검소함을 숭상하였습니다. 이 같은 통치 철학이 왕실의 그릇에도 반영되어 흰색의 백자가 애호되었던 것으로 보입니다. 15세기 말부터 16세기 동안 분원 가마에서 백자들이 제작되어 왕실과 관청에 공급되었습니다. 이 시기의 백자는 문양이 없는 무문(無紋)백자, 문양에 태토와 다른 색의 흙을 감입하여 장식한 상감백자, 청화(靑畵)안료로 문양을 그린 청화백자 등이 제작되었습니다. 조선 전기 백자는 명나라 백자의 형식을 모방하면서도 단순하고 간결한 조형으로 높은 완성도를 보입니다.

우선, 무문백자는 조선 전기부터 중기에 걸쳐 가장 많은 수량으로 생산된 종류입니다. 15세기 무문백자는 조선의 안정된 백자제작 기술을 보여줍니다. 무문백자 중에서도 일명 순백자라고 불리는 종류는 정선된 태토에 은은한 광택을 내고 기형이 단아하고 안정된 양감을 갖추고 있습니다.

또한 분원에서는 청화백자 제작을 위해 심혈을 기울였는데, 당시 청화안료는 매우 귀한 재료이므로 일반의 사용이 엄격하게 규제된 왕실 백자에 전용으로 사용되었습니다. 그래서 분원이 운영된

더 알아봅시다

백자청화매화대나무새무늬항아리 항아리의 윗부분이 양옆으로 벌어진 풍만한 몸체에 입구 부분이 위로 서 있고 뚜껑이 갖춰져 있습니다. 푸른빛이 감도는 맑은 투명 유약이 고르게 입혀져 있고 매화, 대나무, 새 등이 청화안료로 장식되어 있습니다.

▶ 〈백자청화매화대나무새무늬항아리〉ⓒ문화재청

초기에는 봄, 가을로 분원에 백자제작을 감독할 사용원 관리를 파견하고, 청화안료로 백자에 문양을 그릴 궁중 소속의 화원(畵員)을 보내 높은 수준의 청화백자를 제작하도록 했습니다. 덕분에 이 시기 청화백자는 국내에서 생산된 초기 단계였음에도 불구하고 태토와 기형 그리고 기면에 장식된 문양의 구성과 표현이 우수하여 조선 전기 청화백자의 제작 수준을 잘 보여줍니다.

▲ 〈백자철화매화
대나무무늬항아리〉
ⓒ문화재청

▌ 전란 후 철화백자가 전국적으로 확산되다 ▐

16세기 말에서 17세기 초, 임진왜란과 병자호란 등 큰 전란을 겪으면서 조선의 사회경제는 피폐해졌고 도자기 제작체계도 침체되었습니다. 하지만 도자기를 사용하려는 수요는 여전히 강하여 17세기 전국에서 백자를 제작하기는 했으나, 인력과 재료가 부족했기 때문에 백자의 품질은 이전 시기에 비해 떨어질 수밖에 없었습니다.

▲ 〈백자철화끈무늬병〉
ⓒ국립중앙박물관

　　분원에서는 값비싼 수입산 청화안료 대신 값싼 국산 철화안료로 백자를 장식했습니다. 조선 전기 궁중 연회에서는 청화안료로

더 알아봅시다

▲ 〈백자항아리〉
ⓒ국립중앙박물관

백자 달항아리 둥그런 모양에 아무런 장식이 없는 백색의 항아리는 조선백자를 대표하는 유물로 손꼽힙니다. 한 번에 제작하기 어렵기 때문에 두 개의 대형 사발 형태를 만든 후 위와 아래로 이어붙여서 하나의 항아리로 제작합니다. 중국과 일본에도 대형의 항아리들이 제작하지만, 아무런 장식도 가하지 않은 백색의 큰 항아리는 드뭅니다. 17세기 후반부터 18세기 전반 동안 장식이 없는 백색의 큰 항아리들이 제작되었습니다. 이 항아리들이 보름달을 연상시킨다고 하여 '달항아리'라 부르기 시작한 것은 현대에 이르러서입니다.

용문양을 그린 술항아리를 사용했는데, 전란 직후에는 부득이 청화 안료로 용무늬를 그린 용준(龍樽)을 왕실 의례에 사용하기도 했습니다. 실제로 17세기 관요가 있었던 가마터에서는 용무늬를 비롯해 당초무늬, 매죽무늬를 그린 청화백자 파편이 발견됩니다. 나아가 철화백자는 청화백자의 단순한 대용품을 넘어서서, 새로운 조형과 미감을 갖춘 백자가 되었습니다. 철화백자는 왕실과 관청을 위해 우수한 품질로 제작되기도 했지만, 점차 전국에 산포된 백자가마터에서 회청색 조질백자에 철화안료로 간략한 문양을 장식한 민간용 철화백자가 확산됩니다.

▌ 조선 후기 청화백자가 유행하고 새로운 제작 경향이 펼쳐지다 ▌

조선 후기에는 사회경제가 복구되고 상업이 발달함에 따라 백자 유통이 활발해졌습니다. 또 땔감을 찾아 잦은 이설을 하던 분원을 1752년 남한강변의 분원리로 고정시키자 인력과 원료 수급에 안정을 이룰 수 있게 되었습니다. 분원리 가마가 운영되면서 제작기술이 크게 발전하고 이전에 비해 청화안료의 수급이 풍부해져 다채로운 기종과 문양의 청화백자들을 제작할 수 있었습니다. 이전의 청

▲ 〈백자청화구름
용무늬항아리〉
ⓒ국립중앙박물관

▲ 〈백자청화
십장생무늬병〉
ⓒ국립중앙박물관

▲ 〈백자투각파
초문필통〉
ⓒ국립중앙박물관

▲ 〈백자양각
매화문연적〉
ⓒ국립중앙박물관

▲ 〈백자청화복숭아
모양연적〉
ⓒ국립중앙박물관

백자청화영지문초화문접시 영지(靈芝)는 십장생 중의 하나로 영지를 먹으면 오래산다고 하여 불로초(不老草)라고도 불렸습니다. 조선 후기에는 백자에 영지와 풀꽃을 함께 청화안료로 그려 구운 영지초화문청화백자(靈芝草花文靑畫白瓷)가 다수 제작되었습니다.

원래 영지초화문청화백자는 중국 명대 어기창(御器廠) 유적에서 일찍이 출토된 바 있으며, 청대 경덕진 민간가마에서 크게 유행했습니다. 영지무늬가 내포한 '장수(長壽)'라는 길상성은 동아시아에서 공통적으로 인식하는 것이었으므로 분원 관요, 일본 규슈(九州) 지방, 영국의 민턴(Minton)사

▲ 〈백자청화영지
문초화문접시〉
ⓒ국립중앙박물관

등 유럽의 근대식 도자기 회사에 이르기까지 영지초화문으로 장식된 식기를 제작했습니다. 영지초화문청화백자를 통해 18세기~20세기 초 세계 도자 교류사의 흥미로운 일면을 알 수 있습니다. 이렇듯 한국의 전통도자기는 대외교류 속에서 영향을 주고받으며 국제적이며 독자적인 도자기 문화를 형성했습니다.

화백자는 왕실을 비롯한 지배계층의 전유물이었으나, 조선 후기에는 민간의 수요가 크게 늘어 지방의 백자가마에서도 청화백자 출토되는 것으로 보아 청화백자가 전국적으로 유행했다는 사실을 알 수 있습니다. 이에 조정에서는 일반에게 유통된 기교품들을 사치품으로 인식하여 지나친 사치풍조를 금하였고, 실제로 정조는 갑발을 씌워서 구워내는 고급백자와 청화백자 제작을 금지하는 칙령을 반포하기도 했습니다. 이와 같은 국가의 잦은 사치품 금지령은 오히려 고급백자에 대한 수요가 많았다는 사실을 보여주는 반증이라고 할 수 있습니다.

조선 후기 백자에는 다양한 장식기법들이 활용되었습니다. 즉 표면 위에 문양을 도드러지게 장식한 양각(陽刻)백자, 기벽 일부를 뚫어 입체적으로 장식한 투각(透刻)백자, 사물의 모양을 본떠서 만든 상형(象形)백자, 둥근 형태를 각지게 깎은 면각(面刻)백자, 청화ㆍ철화ㆍ동화안료 등의 여러 안료를 함께 사용하여 다채(多彩)백자 등이 제작되었습니다.

조선 후기 백자의 문양으로 복과 장수 등의 기원을 담은 길상

문(吉祥紋)이 크게 유행하였습니다. 모란, 십장생˙, 잉어, 박쥐, 포도, 석류, 불수감 등 갖가지 동식물의 문양에 좋은 의미를 부여하는 방식은 중국식 길상문의 영향을 받았으나 재해석 과정을 거치면서 조선만의 새로운 조합과 표현방식을 형성합니다. 청화안료로 장식한 갖가지 길상문은 조선 후기 백자의 큰 특징입니다.

특히 19세기에는 중인계층의 성장과 문인문화의 확산으로 인해 백자로 제작한 각종 문방구류가 크게 유행하였습니다. 복숭아 · 해태 · 두꺼비 등의 갖가지 동식물의 형상을 본떠 만든 연적을 비롯해 필세, 필가, 필통, 지통 등 각종 문방구류들이 백자로 만들어져 문인계층에서 크게 애호되었습니다. 문방구류뿐만 아니라 식기, 생활용기, 저장용기 등 생활의 다양한 분야에서 백자가 널리 사용되었습니다. 이처럼 조선 후기에 크게 늘어난 백자의 수요는 분원은 물론 지방의 백자 생산에도 많은 영향을 주었습니다.

유교 제사에 제기가 사용되다

제사는 신령에게 음식을 바치며 기원을 드리거나 돌아가신 이를 추모하는 의식입니다. 조선시대 국가제사는 그 규모에 따라 대사, 중사, 소사로 나뉘며 각 제사에 맞게 제수(祭需)와 제주(祭酒)를 준비했습니다. 제기(祭器)는 정성껏 준비한 제물을 담아올리는 신성한 그릇

더 알아봅시다

종묘제기 조선시대 역대 왕과 왕비의 제사를 지내는 종묘대제에서 사용하는 제기를 종묘제기라고 합니다. 쓰임에 따라 고기를 담는 조와 생갑, 땅과 물의 산물을 담는 변과 두, 곡식을 담는 보와 궤, 고깃국을 담는 등과 형, 술을 담는 작, 신실 밖에서 술과 물을 담는 이, 준, 뢰 등 다양한 종류가 있습니다. 그 외 향을 피우는 향로와 향을 보관하는 향합, 고기국을 끓이는 우정, 시정, 양정 등도 제기에 포함됩니다. 제기의 재질은 유기, 목기, 초죽기 등 다양합니다.

으로, 성리학을 국교로 한 조선시대 왕실 제사에서는 유교 경전을 근거로 제작한 유교식 제기를 사용했습니다.

조상제사를 통한 효의 실천을 중시한 조선시대에는 조상의 신주(神主)를 모신 종묘(宗廟)를 비롯해 다양한 제향장소에서 제기를 올렸습니다. 그 중 종묘에서 사용한 제기는 조선 초부터 제기들의 재질, 형태, 크기 등을 각각 정해 국가전례서에 실을 만큼 중요하게 여겼습니다. 유네스코 인류문화유산으로 지정된 종묘대제는 현재 매년 5월 종묘에서 거행되며, 지금도 조선시대와 같은 종류의 제기를 진설하여 제향을 지내고 있습니다. 조선왕실의 제기를 통해 유교문화를 이해할 수 있습니다.

한편 일반 백성들의 제사에서는 잔, 병, 대접, 접시 등 일반 그릇 형태와 유사한 기명을 제기로 사용하였고, 유기(鍮器)뿐만 아니라 백자나 목기로도 제작되었습니다. 널리 알려진 예로 높은 굽을 가진 접시가 있습니다.

▲ 〈작〉
ⓒ국립고궁박물관

▲ 〈백자제기〉
ⓒ국립중앙박물관

조선의 목공예가 발달하다

한국은 온돌의 좌식생활에 적합한 다양한 목공예가 발달하였습니다. 또한 기본재료인 나무를 바탕으로 칠, 나전, 화각 등의 부가재료를 접목하여 목칠공예, 나전칠공예, 화각공예 등으로도 발달하였습니다.

조선시대 목공예품은 인위적인 장식성이나 조형성을 최소한으로 줄이고, 간결한 선, 명확한 면, 목재 자체가 갖는 나무결의 미로써 하나의 통일체를 만들어내는 점이 있습니다. 이러한 목적을 위해 오동나무나 느티나무 같은 결이 뚜렷하고 아름다운 나무를 재목으로 썼고 결의 배치가 좌우대칭이 되도록 신경을 썼습니다. 선과 면 모두 직선으로 구성된 명확하고 간결한 구성과 완벽에 가까운

◀〈사방탁자〉　　▲〈문갑〉　　▶〈나전칠상자〉

ⓒ국립중앙박물관

비례, 나무결의 아름다움, 최소한의 장식성이 두드러져 보입니다.

　　　고려시대 발달한 나전칠기는 조선에서도 발달하였고 일반인의 생활과도 밀접한 관련을 가지면서 제작되었습니다. 조선시대 전기에는 당초문으로 전면을 씌워 도안적인 효과를 노렸고, 후기에는 십장생 계통의 회화적인 도안을 쓰는 등 장식 경향이 바뀌었습니다.

감상해 봅시다

조선시대 도자기와 목공품은 다음의 장소에 펼쳐져 있어요. 소개된 곳에 방문하여 유물을 직접 감상해보고 자세히 살펴보아요.

- **국립중앙박물관 조각·공예관 분청사기실, 백자실** | 조선시대 분청사기, 순백자, 청화백자, 철화백자, 다채백자 등
- **국립중앙박물관 서화관 목칠공예실** | 목칠공예, 나전칠공예, 화각목공예 등 조선시대 목공예품
- **국립고궁박물관 왕실의례관** | 종묘제향에서 사용된 왕실 제기
- **종묘** | 매년 5월 첫번째 일요일에 종묘에서 거행되는 종묘제사 현장과 왕실 의례기

조선의 회화

이런 것들을 배워 봅시다

조선 초기의 회화미술은 고려로부터 연속적 전개를 보여줍니다. 소상팔경도는 고려에서 시작되어 조선왕실과 관료 문인들에게 여전히 애호되었습니다. 16세기에 이르러 산수인물화에는 절파화풍이 주류를 이루었으며, 조선 후기에 문인들이 유람했던 명소나 특정 문인이 거했던 장소가 실경산수화의 주제가 되었습니다. 또한 풍속화가 하나의 독립된 회화장르로 부상하기 시작했습니다. 19세기에 이르러서는 경제력과 문화적 소양을 갖추고 양반의 문화를 누리고자 하는 중인들이 결집한 예술세계가 펼쳐지기도 하였습니다.

- 조선시대 산수화의 변화과정을 이해합니다.
- 조선 후기 풍속화를 대표하는 화가 김홍도와 신윤복에 대해 배워봅시다. 이들과 더불어 풍속화의 전개의 서두에서 중요한 역할을 담당한 윤두서, 조영석 등 문인화가의 작품도 함께 살펴봅니다.
- 19세기 김정희를 중심으로 한 일파에서 주장된 서권기와 문자향에 대해 생각해봅시다.

찾아가 봅시다

- 국립중앙박물관 서화관
  (서울시 용산구)
- 겸재정선미술관(서울시 강서구)
- 추사박물관(경기도 과천시)

전칭작이란? *

화가 아무개의 작품이라고 '전(傳)'해지는 그림입니다. 그 화가의 진적은 아니지만, 그 화가의 명성과 함께 양식적 특성을 전달하는 경우 이를 전칭작이라 부릅니다.

병풍(屛風)이란? * *

그림을 나무틀에 붙인 판을 여러 개 연결하여 바닥에 세울 수 있게 만든 물건입니다.

▌상상의 산수를 그리다 ▌

조선 초기의 회화미술은 고려로부터 연속적 전개를 보여주고 있습니다. 고려의 신진사대부들이 조선을 건국하였기 때문입니다. 고려에서 시작된 소상팔경도의 주제는 조선왕실과 관료문인들에게 여전히 애호되었습니다. 조선 초기 왕실의 최고 화가였던 안견(安堅)의 전칭작 《소상팔경도》가 있어 당시의 화풍을 살필 수 있습니다. 아득한 수평선, 기러기가 내려앉는 평화로운 풍취, 비바람이 몰아치는 여름밤, 눈이 소복하게 쌓인 겨울밤 등이 표현된 수묵산수화 여덟 점입니다. 16세기에 이르면 조선의 사대부들은 소상팔경도를 8폭 병풍으로 제작하기를 즐겼습니다. 당시 제작된 조선의 소상팔경도 병풍이 오늘날 일본의 한 사찰에 전하고 있습니다. 그것은 당시 일본에서 주문하여 구입한 것이었습니다.

안견의 진작으로 유일하게 〈몽유도원도(夢遊桃源圖)〉가 전하고

▼ 안견, 〈몽유도원도〉

더 알아봅시다

중국 강남경을 상상한 '소상팔경' '소상팔경'이란 중국 후난성 소수(瀟水)와 상수(湘水)가 만나는 동정호(洞庭湖) 부근의 경관으로 알려져 있습니다. 북송(北宋)에서 이성(李成), 미불(米芾) 등이 이 주제를 그렸고, 송적(宋迪)의 '소상팔경'이 『몽계필담(夢溪筆談)』에 실려 전합니다. 그 내용은 ①산시청람(山市晴嵐), ②연사모종(煙寺暮鐘) 또는 원사만종(遠寺晚鐘), ③원포귀범(遠浦歸帆), ④어촌석조(漁村夕照 또는 漁村落照), ⑤소상야우(瀟湘夜雨), ⑥동정추월(洞庭秋月), ⑦평사낙안(平沙落雁), ⑧강천모설(江天暮雪) 입니다. 팔경의 제목이 보여주듯이, 소상팔경은 호수를 중심으로 펼쳐지는 산수의 사계(四季)를 서정적으로 표현하면서 중국 강남의 풍경을 상상하도록 해주는 특징이 있습니다. 이는 한반도에서 근대기에 이르기까지 인기를 누렸으며, 일본에도 큰 영향을 끼쳤습니다.

▲ 전 안견 《소상팔경도》 8폭 중 〈소상야우〉와 〈평사낙안〉 ⓒ국립중앙박물관

있습니다. 세종의 셋째 왕자 안평대군이 꿈속에서 집현전 학자들과 방문한 도원(桃源)의 산수경을 안견에게 그리도록 한 그림입니다. 안평대군의 꿈 이야기는 도잠(陶潛)의 「도화원기(桃花源記)」가 전하는 이상사회, 그리고 한유(韓愈)의 시로 전하는 당나라 〈도원도〉를 배경으로 하면서, 꿈의 예언 능력으로 안평대군의 인격을 미화하는 내용입니다. 〈몽유도원도〉는 조선 초기 문인들이 최고의 산수화가로

비운의 왕자, 안평대군 세종의 셋째 왕자인 안평대군은 조맹부의 서체인 송설체(松雪體)에 능하였고, 당송 문학 및 서화예술에 조예가 깊었으며, 중국의 고서화 수백 점을 소장했던 컬렉터였습니다. 화가 안견은 이 소장품으로 학습하여 다양한 화풍을 구사할 수 있었으며, 조선화가로는 유일하게 안평대군 소장품에 많은 작품이 선정되었습니다. 그러나 수양대군의 득세로 안평대군은 죽임을 당하고 그의 소장품도 사라졌습니다.

화풍이란?
이곽파(李郭派)라 불리는 동아시아 산수화 양식입니다. 이성과 곽희의 화파라는 뜻입니다.

화초·영모란?
화초(花草)란 꽃이 피는 풀(초본)과 나무(목본) 식물을 이르며, 영모(翎毛)란 털이 달린 새와 동물을 말합니다.

추앙하고 있던 북송대 곽희(郭熙)의 화풍*을 구현하면서, 화려한 채색 안료와 금니(金泥)를 섬세하게 베풀어낸 화사한 그림입니다.

화초·영모·묵죽이 발달하다

조선시대 화초·영모** 묵죽에서 주목되는 화가들 중심으로 그 전개를 살펴보겠습니다. 조선 초기의 이암(李巖, 1499-?)이 조선왕실의 종손으로 화조와 강아지를 잘 그렸습니다. 왕실 종손은 과거시험의 부담이 없고 권력으로부터 초연하고자 하는 신분 특성상 서화에 능한 이들이 많았습니다. 이암의 〈모견도〉와 〈화암구자도〉에서 강아지의 털을 먹으로 바림하여 표현한 특징이 일본에서 애호되어 일본 동물화에 지속적인 영향을 주었습니다. 이정(李霆, 1554~1626)은 세종의 현손으로 묵죽을 잘 그렸습니다. 강한 필력으로 그린 〈우죽도(雨竹圖)〉가 대표적입니다.

여성화가 신사임당(申師任堂, 1504~1551)은 양반가의 부인으로 산수, 포도 등을 잘 그려서 당시의 관료문인들에게 높이 칭송되었는데, 오늘날에는 그녀의 초충도만이 알려지고 있습니다. 전해지는 그녀의 초충도에는 초가을의 초본 식물에 핀 꽃과 수박, 가지, 오이 등의 열매, 각종 곤충들이 화사한 색과 세밀한 필치로 그려져 있어서, 자연을 대하는 시선이 따뜻하게 느껴지는 특성이 있습니다.

　　묵죽, 묵난, 묵매 등 수묵으로 그린 특정 식물의 이미지는 굳센
정신력의 상징으로 중국 원나라에서 크게 부상하였고 조선시대 왕

신사임당 초충도가 유명해진 사연 신사임당의 16세기 그림 작업에 대하여, 17세기의 대학자
송시열은 새로운 해석을 하였습니다. 신사임당의 아들 이율곡이 성리학의 대가로 서게 되자,
송시열은 미물을 관찰하여 세상의 이치를 보여주는 초충도만이 성리학자의 어머니가 그린 그
림으로 적절하다고 여기고 높이 칭송하였습니다. 이후 18세기에는 국왕 숙종을 비롯하여 여러
학자들에게 신사임당의 초충도가 애호받게 됩니다. 오늘날 사용되는 한국 지폐에 신사임당 전
칭작 초충도가 선택되어 있듯이, 신사임당은 초충도로 그 명성을 유지하게 되었습니다.

▲ 신사임당 초충도 10폭 병풍 중 초충도8폭 ⓒ국립중앙박물관

과 문인들도 즐겨 그리는 주제가 되었습니다. 또한 조선 중기를 거치면서 널리 애호된 수묵화조화에는 명나라 화가 임량(林良)*의 화풍이 반영된 가을 갈대와 기러기, 시든 연잎 속의 백로 등의 주제가 주로 그려졌습니다.

임량?*

명대 중기 황실에서 활동한 화가입니다. 빠른 필법으로 영모(翎毛)를 교묘하게 그린 그의 그림은 조선에서 인기를 누렸습니다.

▌ 절파 화풍이 애호되다 ▌

절파(浙派)는 중국의 명나라 절강성에서 활동한 화가들이 발달시킨 화풍으로 힘찬 붓질, 강한 흑백 대배의 효과, 근경의 확대 등의 특징을 지닙니다. 절파의 화가들은 명대 황실과 귀족사회에서 상당한 인기를 누렸으나, 점차 지나치게 강한 붓질을 사용함으로써 명나라 문인들의 비난을 받기에 이르렀습니다. 조선에서는 이러한 화풍을 절파라 인식하지 않았지만 절파의 거친 붓질을 애호하였습니다. 앞에서 살핀 이정의 묵죽화에도 절파화풍이 뚜렷하게 나타나고 그림으로 이름을 떨친 왕실 후손 이경윤(李慶胤, 1545~1611)은 절파풍으로 산수인물화를 주로 그렸습니다. 조선 후기에 높이 칭송받은 화가 김명국(金明國, 1600~?)이 거친 붓질로 산수와 인물 등을 모두 잘 그려서 조선 절파의 절정을 보여주었습니다.

▼ 김명국, 〈산수화〉
(옛 명칭, 설중귀려도)
ⓒ국립중앙박물관

▌ '무이구곡도'로 수양하다 ▌

조선 중기 이후로 학자들에게 큰 인기를 누린 산수화 주제는 '무이구곡도(武夷九曲圖)'였습니다. 무이구곡은 중국 무이산(武夷山)의 계곡을 칭하며, 남송의 성리학자 주희(朱熹)가 무이정사(武夷精舍)를 짓고 강

▲ 이성길, 〈무이구곡도〉ⓒ국립중앙박물관

학한 장소라는 점에서 조선의 학자들에게 존모의 공간이 되었습니다. 성리학자 이황(李滉)이 주자의 초상화를 더하여 꾸린 무이구곡도에 발문을 부쳐 그 감동을 표명한 것은 대표적 사례입니다. 조선의 무이구곡도들은 대체로 주자의 시 「무이도가(武夷櫂歌)」를 반영하고자 하여, 시를 읊으며 소요하는 주자의 모습이 그려진 경우가 많습니다. 1592년 이성길(李成吉, 1562~?)이 그린 〈무이구곡도〉는 경학에 밝은 학자가 스스로 제작한 작품으로, 무이구곡의 명소들이 표시되어 있습니다.

　　조선의 문인들은 무이구곡을 경영한 주자의 행적을 따라 자신

더 알아봅시다

주자의 '무이도가' '무이도가'란 무이산 뱃노래라는 의미입니다. 원래의 제목은 「순희년간 정사(무이정사)에서 한가하게 머물며 장난삼아 '무이도가' 10수를 지어 함께 노닌 이들에게 보이며 한 벗 웃노라(淳熙辰中春精舍閒居戱作武夷櫂歌十首呈諸同遊相與一笑)」로 『회암집(晦庵集)』 권9에 실려 있습니다. 주희가 벗들과 무이계곡 아홉구비를 돌며 각 계곡의 명소를 들어 지은 연작시입니다. 조선의 학자들은 주희의 철학을 좋아하여, 무이구곡을 거치면서 학문과 수양의 수준이 높아지는 내용으로 「무이도가」를 해석하였습니다. 이는 곧 무이구곡도 제작과 감상에도 영향을 주었습니다.

고산구곡이란?
율곡 이이(李珥, 1536~
1384)가 황해도 고산
군 석담리에 조성한
구곡을 말합니다.

의 거처지에 구곡을 만들었고, 이는 그림으로 그려졌습니다. 가장 많이 그려진 곳은 이이의 고산구곡(高山九曲)[*]이며, 그 외에도 송시열의 화양구곡, 정구의 무흘구곡, 김수중의 곡운구곡 등이 그림으로 전하고 있습니다.

역사적 인물과 고전적 문학을 그림에 담다

고사인물도(故事人物圖)에는 역사 속에서 기억할 만한 인물들의 일화가 주제로 그려져 있습니다. 본받을 만한 인물을 그리는 그림은 그림의 역사와 함께 꾸준히 제작되었습니다. 고려에서 근대에 이르기까지 교훈과 격려 혹은 위로를 주는 유명인물의 일화가 선정된 병풍, 화첩 등은 무수하게 제작되었습니다. 대개는 중국 역대의 학자, 문인, 영웅, 은사 등이 채택되었습니다. 강태공(姜太公), 장량(張良), 도연명(陶淵明), 이백(李白), 맹호연(孟浩然) 등은 가장 애호된 대상이었습니다.

시의도(詩意圖)는 고전적 시구를 화제로 삼아 그린 그림입니다. 중국에서는 명나라 때 당시(唐詩)를 그린 그림이 널리 애호되었고, 조선 후기에서도 당시는 가장 인기를 누린 시의도의 화제였습니다. 시의도의 대표작인 심사정의 〈강상야박도(江上夜泊圖)〉는 당나라 두보의 시 「춘야희우(春夜喜雨)」를 표현하고 있습니다. 한국의 문학작품을 그린 예로는 문인화가 이인상(李麟祥, 1710~1760)의 〈송하관폭도〉가 박

▼ 『예원합진』 중의 장량과 도연명

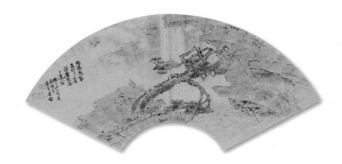

▲ 이인상, 〈송하관폭도〉 ▶ 심사정, 〈강상야박도〉ⓒ국립중앙박물관

은(朴誾, 1479~1504)의 시를 작은 부채 위에 그렸습니다.

조선의 진경을 그리다

조선시대 초기로부터 인기를 누린 소상팔경도, 무이구곡
도 등의 산수화는 모두 중국의 산수를 주제로 하고 있었습
니다. 조선의 산수를 그린 그림도 여러 가지 목적으로 꾸준
히 그려지고 있었지만, 인기 있는 산수화의 화목으로 부상한 시기
는 조선 후기입니다. 한국의 실경을 그린 대표적인 화가는 18세기
전반기에 활약한 정선(鄭敾, 1676-1759)입니다. 정선의 그림은 금강
산, 관동일대, 한양의 명소, 개성, 영남의 명승을 담았습니다. 이 그

▼ 정선, 〈인왕제색도〉
ⓒ공유마당

림들 속에서 당시 문인들이
규정하고 유람했던 명소, 특
정 문인이 거했던 건물 등을
만나볼 수 있습니다. 정선의
그림은 높은 인기를 누렸기
에 현전하는 작품 수도 수백
점에 달합니다.

정선의 필력과 표현방

정선이 많이 그린 곳, 금강산 정선이 특히 많이 그린 곳은 금강산입니다. 초기작 〈금강내산총도〉(1711)는 금강산 유람을 추구한 당시 문인들에게 금강산 유람코스를 보여주듯 금강산의 주요 사찰과 봉우리들이 표시된 그림입니다. 이러한 구성법은 대작 〈금강전도〉에서도 볼 수 있습니다. 이 그림에서 정선은 원형구도로 산을 그리고 푸른색으로 둘러 해악(海嶽)으로서의 명성을 표현하면서 주요 산봉우리, 사찰, 특정 바위 등을 선명하게 배치하고 있습니다.

▲ 정선, 〈금강내산총도〉 ⓒ공유마당

◀ 정선, 〈금강전도〉
ⓒ공유마당

식은 노년작 〈인왕제색도〉를 통해 감상할 수 있습니다. 인왕산의 백색 바위를 짙은 먹색으로 표현하고 그 아래는 흰 구름으로 처리하여, 힘찬 인왕산의 정기를 누리는 건물을 부각하고 있습니다. 누군가의 저택인 듯한 이 건물의 정체에 대하여는 의견이 분분한 실정입니다. 한국의 산천을 그린 이러한 그림들은 '진경산수화'라 불리고 있습니다. 조선 후기 이래, 이름이 높은 문인화가와 화원화가들이 많은 진경산수화를 남기고 있습니다.

▌ 조선의 풍속을 그리다 ▐

풍속화란 일상의 모습을 주제로 한 그림을 칭합니다. 일상의 모습을 보여주는 그림이라면 반구대 암각화, 고구려 고분벽화, 고려시대 불화의 부분, 조선 초기 삼강행실도 등에서도 찾아볼 수 있지만 이들은 의례나 교화 등의 목적이 반영된 표현이었습니다. 또한 백성들의 노동을 왕에게 보고하기 위한 그림이 꾸준히 그려졌고, 특히 백성들이 도탄에 빠졌을 때의 참상 보고를 목적으로 하는 그림도 있었습니다. 이와 달리, 조선 후기에 이르면 풍속화가 하나의 독립된 회화장르로 부상하였습니다. 조선 후기의 기록을 보면, 이러한 그림을 '속화(俗畫)'라 불렀습니다.

　　조선 후기 풍속화 전개의 서두에서 중요한 역할을 담당한 이들은 윤두서(尹斗緖, 1668-1715), 조영석(趙榮祏, 1686~1761) 등의 문인화가입니다. 이들은 민간의 풍속에 관심을 가지는 것이 중요하다고 생각하여 풍속 장면을 관찰하여 묘사한 그림들을 여러 점 남겼습니다. 윤두서의 〈나물캐기〉에서 먹을 만한 풀을 찾아 캐느라 몰두하고 있는 그 당시 여인들의 모습을 볼 수 있습니다. 언덕을 사선으로 긋고 나란히 배치된 인물을 옆모습과 뒷모습으로 표현한 구성이 돋보입니다. 조영석의 〈새참〉에서는 농민들의 식사 장면이 생생하게 담겨 있습니다.

◀▼ 윤두서, 〈나물캐기〉
　　ⓒ공유마당

▼ 조영석, 〈새참〉
　　ⓒ공유마당

▲ 김홍도, 〈자리짜기〉
ⓒ공유마당

▲▶ 김득신, 〈파적도〉
ⓒ공유마당

　　조선 후기 풍속화의 대가로 이름이 높은 김홍도(金弘道, 1745-약 1806)는 국왕 정조의 명령으로 풍속을 그렸지만, 껄껄 웃을 수 있는 즐거운 장면에 대한 국왕의 요구에 대응하여 생업에 충실한 건강하고 행복한 백성들의 모습 가운데 해학적 요소들을 삽입하여 독특한 화면을 창작하였습니다. 예를 들어 김홍도의 작품으로 전해지는 《풍속화첩》 중 〈자리짜기〉를 보면, 자리를 짜는 아버지와 실을 짜는 어머니 뒤로 커다란 책을 펼쳐놓은 아이의 모습이 여간 귀엽지 않습니다. 화원화가 김득신(金得臣, 1754-1822)이 그린 〈파적도(破寂圖)〉에는 농가의 남편이 돗자리를 짜고 아내는 곁에서 돕고 뜰에는 어미닭이 병아리를 보살피는 평화로운 일상 속으로 뛰어든 고양이 때문에 야단법석이 벌어진 우스꽝스러운 순간이 포착되어 있습니다.

　　조선 후기 풍속화의 또 다른 양상은 감각적 향락을 누리도록 해주는 그림으로 대표적 화가는 신윤복(申潤福, 1758-?)입니다. 그의 그림은 애정을 나누는 남녀, 여인을 훔쳐보는 남성 등을 주제로 합니다. 그의 작품 〈단오풍정〉을 보면 단옷날 여인들이 그네 타고 목욕하는 모습을 바위 뒤에서 훔쳐보는 동자승들이 그려져 있습니다. 그림의 감상자는 동자승의 시선을 공유하였을 것 같습니다. 조선 후기 풍속화를 통하여, 당시 서민의 생활상 및 풍속을 바라보는 다

양한 시선을 만날 수 있습니다.

문자향과 서권기가 주장되다

19세기에는 김정희(金正喜, 1786-1856)를 중심으로 경제력과 문화적 소양을 갖추고 양반의 문화를 누리고자 하는 중인(中人)들이 결집한 예술세계가 펼쳐졌습니다. 김정희는 금석(金石)에 새겨진 고대의 서체를 탐구하여 자신의 서체인 추사체(秋史體)를 창조하면서, 서권기(書卷氣)와 문자향(文字香)을 그림에 적용하여야 한다고 주장하였습니다. 이는 김정희가 청대 예술론 및 고증학을 흡수하여 발전시킨 내용이었습니다. 김정희의 제자 허련(許鍊, 1807-1892)은 중국 명청대 문인사회에서 최고의 문인화가로 인정된 원나라 말기의 예찬(倪瓚)의 화풍을 활용하였습니다. 이는 붓질을 아낀 듯한 정갈한 수묵화입니다.

한편 19세기에는 도화서 화원의 마지막 세대가 활동하는 시기

금석(金石)이란?

금석문이라고도 합니다. 쇠붙이나 돌로 만든 비석에 새겨진 글자를 이룹니다. 이를 풀이하여 자체와 서풍 및 그 시대를 밝히며, 역사의 자료로 사용하여 미술·공예·사상 등 여러 방면의 학술적 탐구를 진행하는 것을 금석학(金石學)이라 합니다.

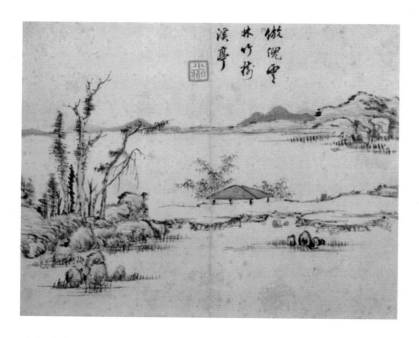

▶ 허련, 〈방예운림
죽수계정도〉
ⓒ서울대학교박물관

였습니다. 장승업(張承業, 1843~1897)은 필묵의 기량이 뛰어나서 안견, 김홍도와 더불어 조선의 삼대 거장으로 일컬어졌으며, 청나라에서도 그의 그림을 요구할 정도로 화명이 높은 화가였습니다. 그는 활달하고 호방한 필치의 화조화와 거대하고 공밀한 기법의 산수화 등을 두루 그렸는데, 청나라의 새로운 화풍들을 수용하면서 동시에 원나라 문인산수화 기법을 적극적으로 운용하였습니다.

장승업이 여러 장르에서 발휘한 기량은 근대기에 이르러 전통 계승의 중추적 역할을 담당하게 되는 안중식, 조석진 등으로 계승

더 알아봅시다

'문인화론'의 이해와 예찬화풍의 유행 문인화는 화원화와 대조적 위상을 가지는 개념으로, 동아시아 중세적 신분구조 속에서 이루어진 독특한 개념입니다. 중국의 문인들은 원나라 말기의 문인화가 예찬을 일품(逸品)으로 추상하였습니다. 조선에서 중국 문인화론을 적극적으로 수용하던 19세기, 허련은 예찬(호 운림雲林)을 '방(倣)'한 산수화를 여러 점 그렸습니다. '방'이란 대개 유명한 옛 화가의 화풍을 터득하여 활용하는 방식을 뜻합니다.

되었습니다. 이들의 활동에 대하여는 제12강 과도기의 미술에서 만나보게 될 것입니다.

감상해 봅시다

조선시대의 회화 작품은 다음의 장소에 펼쳐져있어요. 소개된 곳에 방문하여 유물을 직접 감상해보고 자세히 살펴보아요

- **국립중앙박물관 서화관** | 조선시대 산수화, 화조화, 풍속화, 인물화 등 〈김홍도가 바라본 세상〉 https://www.museum.go.kr/site/main/exhiOnline/list 국립중앙박물관 온라인 전시를 통해 김홍도의 대표 풍속화 작품을 감상할 수 있습니다.
- **겸재정선박물관** | 겸재 정선의 산수화 http://gjjs.or.kr
  겸재정선박물관 홈페이지를 통해 온라인미술관에 방문할 수도 있습니다.
- **추사박물관** | 추사 김정희와 관련된 서·화작품, 인장, 교유인물들과 관련된 주요 작품 등을 감상할 수 있습니다.

조선의
궁중회화

이런 것들을 배워 봅시다

'궁중(宮中, 궁궐 안)'에서 제작되거나 사용된 회화는 기록, 치세, 교화, 감계, 장식 등의 목적으로 그 유형이 다양합니다. 여기서는 백성의 교화와 왕실 구성원의 감계를 위한 그림, 왕을 그린 어진, 국가에 큰 공을 세운 공신(功臣)을 그린 초상화, 각종 왕실 의례를 그린 의궤도(儀軌圖), 궁중행사도(宮中行事圖), 그리고 궁중장식화의 대표적인 종류와 기능을 살피고자 합니다. 궁중회화 대다수는 도화서에 소속된 화원들에 의해 제작되었습니다.

• 『삼강행실도』의 제작 배경과 책에 실린 자세한 내용을 알아봅니다.
• 왕과 왕실 사람들이 각자의 신분과 역할에 맞는 감계화를 받았을 때, 그 그림을 통해서 그들은 무엇을 떠올리고 생각했을까요?
• 의궤도와 궁중행사도를 통해 확인할 수 있는 것들은 무엇일지 고찰해봅시다.
• 왕실 제작의 다양한 병풍에는 어떠한 그림이 그려졌는지 살펴봅니다.

찾아가 봅시다

· 국립중앙박물관 서화관　　　· 국립고궁박물관 궁중서화실
　(서울시 용산구)　　　　　　　　(서울시 종로구)

▎ 백성을 교화(敎化)하다 ▎

조선이 건국된 후 안정기에 접어들던 세종 시대에 왕실에서는 정치 제도뿐 아니라 사회문화적으로 유교적 국가의 기틀을 마련하고자, 백성들의 교화를 위한 그림 서적 『삼강행실도(三綱行實圖)』를 출간하였습니다. 이 책은 군신·부자·부부의 삼강에 모범이 되는 충신·효자·열녀 총 316명의 행실을 그림으로 보여주고 글로 소개하고 시로 찬양하는 구성을 갖추고 있습니다. 실려 있는 그림들은 목판

더 알아봅시다

『삼강행실도』의 내용과 조선 사회에서의 영향력 『삼강행실도』에 실린 효자는 〈순임금의 큰 효성〔虞舜大孝〕〉을 비롯하여 110명, 충신은 〈용봉이 간하다 죽다〔龍逢諫死〕〉외 112명, 열녀는 〈아황·여영이 상강에서 죽다〔皇英死湘〕〉외 94명입니다. 이들은 거의 중국의 역대 인물들이며, 한국인은 효자 4명, 충신 6명, 열녀 6명이 포함되어 있습니다. 이러한 구성은 조선 왕실에서 지속적으로 편찬한 『이륜행실도』, 『오륜행실도』 등의 모본이 되었습니다. 한편 임진왜란 이후 한국인으로만 구성된 방대한 『동국신속삼강행실도』가 간행된 바 있습니다. 이러한 왕실의 노력 속에서 조선사회는 충(忠)·효(孝)·열(烈)의 도덕을 정신적 기반으로 삼게 되었습니다. 조선 후기의 인기 소설, 『심청전』의 주인공 심청은 효, 『춘향전』의 주인공 춘향은 열, 『유충렬전』의 주인공은 충의 덕목을 발휘하여 조선시대 모든 이들에게 사랑받은 캐릭터들이었습니다.

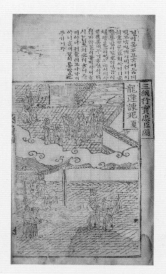

▲ 〈용봉이 간하다 죽다〉
ⓒ국립중앙박물관

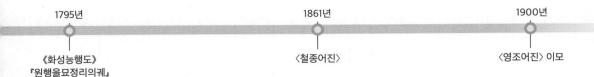
화로 제작되었으며, 그 밑그림을 그린 이는 안견(安堅)을 비롯한 도
화서의 화원화가들이었습니다.

　　『삼강행실도』에 실린 그림들은, 대개 한 화면에 2-6개의 구획
을 두어 주인공을 여러 번 등장시키면서 이야기의 전개를 보여줍니
다. 구획은 구름, 언덕, 가옥의 지붕 등으로 이루어졌으며 이야기의
흐름은 대개 아래에서 위로 진행합니다. 복식, 건물, 산수, 동물 등
의 물상이 세밀하게 그려져 있으며, 인물의 행위, 전투, 화재 등의
표현은 힘찬 필선을 보여줍니다. 이로써 모범이 될 만한 도덕적 행
위가 감동적으로 전달될 수 있었습니다.

▌ 왕과 왕세자를 교육하다 ▌

감계화(鑑戒畵)에서 '감계(鑑戒)'는 '과거의 잘못을 거울로 삼아 다시
는 같은 잘못을 저지르지 않도록 경계한다'는 뜻입니다. 즉 감계화
는 왕과 왕세자를 비롯한 왕실 구성원들에게 도덕적 교훈을 주고자
하는 그림입니다. 감계화에는 조선 사회의 경제적 기반을 이루는
농업의 중요성을 일깨우기 위한 그림과 도덕적으로 훌륭한 업적을
남긴 옛사람들의 행적을 그린 그림이 주류를 이루었습니다.

　　조선은 농업을 중심으로 운영되는 국가였습니다. 국왕은 직접
밭을 갈고 백성들에게 농사를 권함으로써 백성들의 노고를 이해해
야 했습니다. 따라서 농민의 일상 생활을 그린 빈풍도(豳風圖), 가색

▲ 〈경직도〉ⓒ국립중앙박물관

경직도(耕織圖)란?*

농사를 짓는 일과 누에를 쳐서 비단 짜는 일 등을 그린 그림입니다.

도(稼穡圖), 농상도(農桑圖), 관가도(觀稼圖), 경직도(耕織圖)* 등과 같은 농업이나 잠업(蠶業)을 주제로 한 그림들이 지속적으로 제작되었습니다. 다른 한편으로 국가에 흉년이 들면 지방관이나 지방의 유생들이 국왕을 일깨우고자 가난한 백성들이 머물 곳 없이 떠도는 모습을 그린 유민도(流民圖)나 굶주린 백성을 그린 기민도(飢民圖)를 제작하여 바치기도 하였습니다.

본받을 만한 중국의 황제들과 그들의 비(妃), 성현(聖賢), 효자(孝子)를 비롯하여 대학자와 대문호, 혹은 은자와 고사 등을 다룬 그림도 그려졌습니다. 이러한 그림은 화첩이나 병풍으로 제작되었습니

왕이 그린 그림 조선 사회에서는 지나치게 아름다운 물건에 마음을 두면 학문적인 뜻을 잃게 된다는 '완물상지(玩物喪志)'를 경계하였음에도 불구하고, 조선시대에 그림이나 글에 취미를 둔 왕이 여럿이었습니다. 성종(成宗, 1469-1494), 명종(明宗, 1545-1567년 재위), 선조(宣祖, 1567-1680년 재위), 정조(正祖, 1776-1800년 재위)가 대표적입니다. 이들은 난초나 대나무 그림을 그렸고, 화원화가들의 그림을 감상하고 시문(詩文)으로 남겼습니다.

다. 왕과 왕실의 사람들은 각기 자신의 지위와 역할에 맞는 감계화를 받았습니다.

의례를 기록하다

도화서의 화원들은 각종 국가행사를 기념하는 그림인 의궤도(儀軌圖)와 궁중행사도(宮中行事圖)를 제작하였습니다. 의궤도는 왕실의 혼례, 장례 등을 비롯한 각종 의례의 과정과 의례에 필요한 용품 및 의례의 현장이 되는 건물을 기록한 그림으로, 의례를 준비할 때 교과서 같은 역할을 하였습니다. 의궤는 대개 5-8부가 제작되었는데 그중 한 부는 어람용, 즉 임금이 보기 위한 것으로 화려하게 제작되었습니다. 의궤는 조선이 건국된 시기부터 제작되었으나 임진왜란 때 조선 전기 제작분이 불타버렸습니다. 이로 인해 현존하는 가장 오래된 의궤는 1601년에 만들어진 의인왕후(懿仁王后)의 장례에 관

▼《기사경회첩
(耆社慶會帖)》중
〈본소시연도
(本所賜宴圖)〉
ⓒ국립중앙박물관

기로소란?

기로소는 70세가 넘은 연로한 문신들을 대접하고 그들이 서로 친목을 도모할 수 있도록 만든 기구입니다.

한 것입니다.

궁중행사도는 국가나 왕실의 행사를 사실적으로 기록한 그림입니다. 의궤가 궁중에서 반복되는 의례 절차를 정리함으로써 다음 차례의 의례를 치를 때 교과서처럼 사용되었던 반면에 궁중행사도는 역사적인 사건을 기록했다는 점에서 오늘날의 기념사진과 같은 역할을 하였습니다. 궁중행사도의 주제는 주로 궁중에서 거행되는 각종 축하 잔치인 연향(宴享), 기로소(耆老所) 입소, 능행(陵行) 등이 있었습니다. 《기사경회첩》은 기사년인 1744년에 영조가 장수하여 기로소(耆老所)에 들어가게 된 경사(慶事)를 기념하여 당시 기로소에 소속된 신하들이 제작한 화첩입니다

조선 전기에 특정한 관청에서 함께 일하는 관료들의 모임을 그린 계회도(契會圖)는 이러한 궁중행사도 제작의 토대가 되었습니다. 조선은 고도로 발달한 관료사회였습니다. 이로 인해 같은 관청에서 일하며 비슷한 가치관을 공유하는 관료들끼리 모임을 갖고 이를 그림으로 기록하곤 하였습니다. 이러한 배경에서 탄생한 계회도는 특히 16-17세기에 성행하였습니다. 이러한 계회도는 화축(畫軸), 화첩(畫帖), 화병(畫屛)의 형태로 제작되었습니다. 조선 초기에는 화축이 주류를 이루었는데 화폭을 상단, 중단, 하단 세 부분으로 나누어 배치되었으나 시간이 지남에 따라 화첩과 화병의 형태로 제작되기도 하였습니다. 이러한 계회도의 제작에 영향을 받아 17세기가 되면 궁중행사도에 병풍이 사용되기 시작하였습니다. 18세기 후반에는 궁중행사도를 병풍으로 제작하게 되었는데 이를 계병(稧屛)이라고 하였습니다.

임진왜란 이후 국가의 각종 의례가 재정비되면서 이를 기록한 궁중행사도가 다수 제작되었습니다. 특히 조선 후기 영조는 각종 잔치를 열었을 뿐만 아니라 선왕들의 업적을 계승하고자 의례를 자주 거행하였습니다. 이 과정에서 다수의 궁중행사도가 제작되었습니다. 영조는 임금이 직접 농사를 짓는 행사인 친경례(親耕禮)가

왕의 행차를 기록한 《화성능행도(華城陵幸圖)》 《화성능행도》는 정조가 어머니 혜경궁 홍씨를 모시고, 아버지인 사도세자(思悼世子)의 묘지인 현륭원(顯隆園)을 방문한 뒤 성대한 연회를 베푼 행사를 그린 기록화입니다. 정조는 화성능행을 기념하여 화원인 김홍도에게 『원행을묘정리의 궤(園幸乙卯整理儀軌)』라는 의궤 제작을 명하였습니다. 《화성능행도》는 이 의궤를 기반으로 하여 제작된 총 여덟 폭의 병풍 그림입니다. 이 그림은 당시 도화서에 있었던 최고의 화원들이 함께 제작하였습니다.

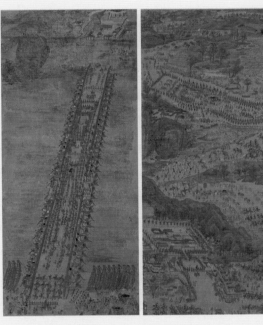

▲《화성능행도》 중 〈한강주교환어도(漢江舟橋還御圖)〉와
　〈환어행렬도(還御行列圖)〉
　ⓒ국립고궁박물관

▲『원행을묘정리의궤
　(園幸乙卯整理儀軌)』 중 일부
　ⓒ국립중앙박물관

끝난 후 이를 기념하는 그림을 제작하도록 하거나, 개천의 준설공
사를 완료한 뒤 이를 기념하는 그림을 그리도록 하였습니다. 영조
가 궁중행사도 제작에 적극적이었던 이유는 궁중행사도를 통해 후
대의 임금들에게 교훈을 주고, 왕권을 시각적으로 과시하고자 했기
때문입니다.

▌ 초상화를 그리다 ▌

어진(御眞)은 왕의 초상을 그린 그림입니다. 어진은 제사에서 사용하기 위해 주로 제작되었으며 진전이라는 특별한 공간에서 보관되었습니다. 어진은 임금이 죽은 후에 임금을 대신하였기에, 화원 선발부터 어진을 그리는 과정 및 봉안에 이르기까지 어진 제작의 전 과정은 매우 엄격한 기준과 절차에 따라 진행되었습니다. 기록상 조선 전기에 어진은 신체 전체를 그린 전신상, 신체의 윗부분만을 그린 반신상, 말을 탄 모습인 기마상 등 다양한 형태로 제작되었습니다. 조선 후기에는 전신상과 반신상이 주로 제작되었으며 주로 복식에 변화를 주었습니다. 군복을 입은 모습으로 그려진 철종 어진이 대표적입니다. 조선시대 어진은 매우 사실적인 표현을 추구하였습니다. 오늘날 조선의 태조, 영조(英祖, 1724-1776), 철종(哲宗, 1849-1863), 고종, 순종(純宗, 1907-1910)의 어진만이 남아 있습니다. 철종 어진은 화재로 인해 그림의 1/3이 소실되었지만 현존하는 어진 중 유일하게 임금이 군복(軍服)을 입은 사례라는 점에서 의의가 있습니다.

조선시대에는 어진뿐만 아니라 국가나 왕실을 위해 큰 공을 세운 신하들을 공신(功臣)으로 지정하고 그들의 초상을 제작하곤 하였습니다. 이들은 주로 조선이 개국되는 데 업적을 세운 개국공신이

▲ 〈영조어진(英祖御眞)〉 ©국립고궁박물관　　　　▲ 〈철종어진(哲宗御眞)〉 ©국립고궁박물관

나 전쟁에서 공을 세운 관료들이 공신이었습니다. 공신상은 공신각
(功臣閣)이라는 특별한 전각에 봉안되었습니다.

┃ 병풍으로 장식하다 ┃

조선시대의 궁중장식화는 대다수가 병풍으로 제작되었습니다. 이
러한 궁중장식화는 장식의 기능뿐만 아니라 왕실의 권위를 상징하
는 기능도 있었습니다. 일월오봉병도(日月五峯屛圖), 십장생도, 모란

▲《일월오봉도병
(日月五峯圖屛)》
ⓒ국립고궁박물관

도 등이 이에 해당합니다.

일월오봉병도는 해와 달 및 대칭으로 배치된 다섯 봉우리의 산
이 그려진 그림을 뜻합니다. 산 뒤를 장식한 해와 달, 소나무 두 쌍,
폭포 한 쌍이 일월오봉병도를 구성하고 있습니다. 조선 전기에는
일월오봉병도에서 해와 달에 금속기를 제작하여 걸었으나 전하는
것은 없습니다. 현재 전하는 일월오봉병도는 조선 후기 작품 20여
점 정도입니다.

일월오봉병도에 그려진 각종 상징물은 하늘로부터 부여받은
왕의 권위를 상징합니다. 일월오봉병도는 각 궁궐에서 임금이 공식
적인 업무를 수행하는 공간인 정전(正殿)에서 임금의 자리인 어좌

▼《십장생도병
(十長生圖屛風)》
ⓒ국립고궁박물관

(御座) 뒤에 설치되었습니다. 일월오봉병도는 공적인 공간뿐만 아니라 임금의 내실에서도 사용되었습니다. 일월오봉병도의 실제 활용 양상은 의궤도에서 확인해 볼 수 있습니다. 조선시대 궁중행사도나 의궤에는 임금의 자리에 임금이 그려지지 않았습니다. 그림 속 일월오봉병도가 왕의 존재를 표상하게 됩니다. 또한 일월오봉병도는 왕의 초상화인 어진이 봉안되는 곳에 함께 설치되기도 하였습니다. 흥미롭게도 이러한 일월오봉병도는 중국 및 일본에는 없고, 조선에서만 사용되었습니다.

십장생도에서 십장생이란 장수를 상징하는 자연물과 동식물 열 가지를 가리키는 말입니다. 자연물에는 해, 달, 산, 물, 동식물에는 대나무, 소나무, 영지, 거북, 사슴, 학 등이 있으며, 돌과 구름이 포함되기도 했습니다. 신선들이 먹는다는 복숭아가 더하여 그려지기도 했습니다. 십장생도는 일반적으로 팔 폭, 혹은 십 폭 병풍으로 제작되었습니다. 병풍 전체를 한 화면으로 하여 청록 산수를 배경으로 각종 자연물과 동식물이 배치된 것이 특징입니다. 십장생 또한 조선의 독특한 주제로, 고려 말로부터 그 존재를 기록에서 확인할 수 있습니다.

궁중에서는 모란 병풍이 다수 제작되었습니다. 모란은 부귀를 상징하며 꽃 중의 왕이라고도 알려져 있습니다. 왕실에서는 모란

▼ 《모란도병(牡丹圖屛)》
ⓒ국립고궁박물관

책가도(冊架圖) 책가도는 책꽂이에 책과 여러 장식물이 가득 쌓인 모습을 그린 그림으로, 책거리 그림이라고도 합니다. 책가도 병풍은 정조 이래로 크게 유행하였습니다. 실제로 정조대 화원들의 시험 문제로 책거리라는 주제가 여러 차례 출제되었습니다. 김홍도도 이 그림에 뛰어났다는 기록이 전하는데, 현재 전하는 궁중책가도는 이형록(李亨祿, 1808~?)의 작품 여러 점입니다. 책가도는 궁궐의 편전이나 왕세자가 거처하는 동궁에 설치되어 학업을 장려하는 용도로 사용되었을 것으로 보입니다. 책가도 병풍에 적용된 서양의 투시도법(透視圖法, perspective)은 중국에서 수용하여 유행하던 서양화법의 영향을 보여줍니다. 아울러 동시대 중국 청나라의 황실의 가구로 각종 고동서화를 진열해 놓은 다보격(多寶格)이 책가도 주제의 기원으로 주목되고 있습니다. 19세기에 이르면 책가도에는 책뿐만이 아니라 산호, 필통, 옥도장, 찻잔, 자명종 등 각종 귀한 문방구와 장식품들을 함께 그려졌습니다.

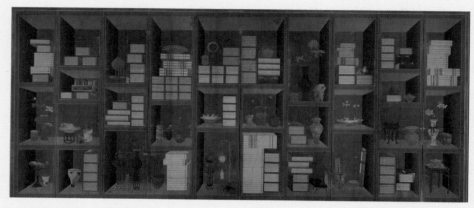

▲ 傳 이형록, 《책가도》 ⓒ국립중앙박물관

병풍이 자주 제작되었으며 일월오봉병도와 함께 설치되는 경우가 많았습니다. 왕실의 혼례와 장례 같은 공식 행사뿐만 아니라 어진을 모사하거나 봉안하는 곳에서도 사용되었습니다. 모란 병풍은 크게 두 가지 형식으로 분류됩니다. 첫 번째는 여러 병풍에 걸쳐 활짝 핀 모란을 길게 배치하는 것이며, 두 번째는 한 폭에 모란이 수직으로 뻗어서 자란 형식입니다.

치세(治世)를 위하여 관아와 지도를 그리다

도화서 화원은 관아도와 지도 등을 제작하기도 하였습니다. 이러한 그림들은 계화(界畫)에 해당합니다. 〈북새선은도(北塞宣恩圖)〉는 관아도의 대표적인 사례로, 1664년 현재 북한 지역에 해당하는 함경도에서 시행된 과거시험을 보여주고 있습니다. '북새선은(北塞宣恩)'이란, 임금이 북쪽의 변두리 지역에 은혜를 베푼다는 뜻입니다. 당시의 국왕 현종은 이 지역의 민심을 달래고자 특별히 문무과 시험을 치르도록 했습니다. 〈북새선은도〉에는 시험 장면뿐 아니라 서민들의 생활 풍속이 사실적으로 묘사되어 있습니다.

지도의 예로는 19세기에 제작된 〈동궐도(東闕圖)〉를 들 수 있습니다. 〈동궐도〉는 창덕궁과 창경궁을 사실적으로 정확하게 그린 지도 그림입니다. 이 그림 또한 계화에 해당됩니다. 특히 〈동궐도〉에는 부감법(俯瞰法)을 이용한 대각선 구성으로 한 화면에 창덕궁과 창경궁의 구조가 담겨 있습니다. 부감법은 높은 곳에서 아래를 내려다보는 시점으로 풍경을 그리는 방법입니다. 〈동궐도〉는 궁궐을 둘러싼 산과 언덕뿐만 아니라 궁궐 내의 각종 건축물을 정교하게 묘사하였습니다. 궁궐 내부를 자세히 그린 궁궐 지도는 국가 기밀이었기 때문에 왕이나 왕실 구성원들이 보기 위한 그림으로 제작되었

계화(界畫)란?
자와 같은 도구를 사용하여 궁궐, 누각 등의 건축물을 매우 정확하게 묘사한 그림을 말합니다.

▼ 한시각(韓時覺, 1621~1691?), 〈북새선은도 (北塞宣恩圖)〉 중 〈길주과시도 (吉州科試圖)〉
©국립중앙박물관

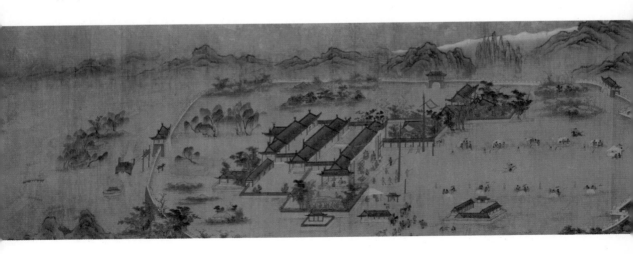

▲ 〈동궐도〉
©고려대학교박물관

을 가능성이 큽니다. 〈동궐도〉는 가로가 6미터, 세로가 3미터에 달하지만 16권의 화첩의 형태로 제작되었습니다. 이 때문에 그림 전체를 보려면 책 16권을 모두 펼쳐야 합니다. 이렇듯 〈동궐도〉는 매우 큰 그림이므로 도화서 화원 여러 명이 함께 제작했을 것입니다.

▌ 수복(壽福)을 구하는 대병풍을 제작하다 ▌

《요지연도(瑤池宴圖)》는 서왕모가 자신이 사는 곤륜산(崑崙山)의 요지(瑤池)에서 주나라 목왕(穆王)을 초대하여 벌인 연회 장면을 그린 그림입니다. 서왕모는 중국의 전설에서 등장하는 여신이며, 요지는 곤륜산 꼭대기에 있는 궁궐의 연못을 말합니다. 주나라의 다섯 번째 왕인 목왕은 여덟 마리의 준마(駿馬)를 타고 서왕모를 방문하였습니다. 서왕모는 목왕을 위해 성대한 연회를 열어 주었습니다.

　　조선시대에 요지연도는 주로 대형의 채색병풍으로 제작되었습니다. 요지연도에는 서왕모, 목왕뿐만 아니라 여러 신선, 석가모니, 사천왕, 문수보살, 보현보살과 같이 도불교의 여러 신격이 등장하는 것이 특징입니다. 구름, 폭포, 산, 괴석과 같은 자연물과 모란, 복

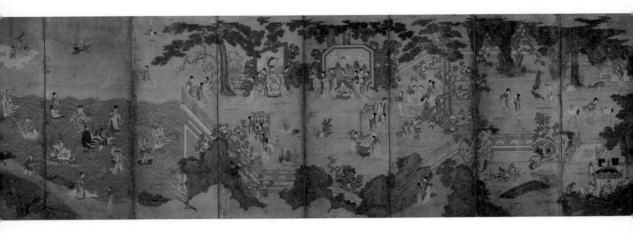

숭아, 영지, 소나무, 오동나무, 학, 봉황, 공작, 사슴과 같은 동식물의 모티프들은 모두 수복을 기원하는 기능을 합니다. 중국에서 유래한 요지연도는 조선에서 적어도 17세기에 조선식 형태로 확립되어 장수를 바라는 길상화로 사용되었으며, 19세기에는 왕세자 책봉 행사와 같은 국가적 행사 후 관원들이 계병으로 제작하기도 할 만큼 인기가 높았습니다.

곽분양행락도는 중국 당나라의 장군 곽자의(郭子儀)가 부인과 함께 자손과 신하들에게 둘러싸여 연회를 즐기는 모습을 그린 그림입니다. 곽분양행락도의 주인공인 곽자의는 전쟁에서 용기와 지략으로 당나라의 영웅이 되어 분양군왕(汾陽郡王)으로 봉해졌습니다. 조선에서는 곽자의가 80세까지 장수하였을 뿐 아니라 높은 벼슬에

세화와 문배로, 벽사(辟邪)를 구하다 세화(歲畫)는 국왕이 새해에 신하들에게 주는 선물용 그림으로, 그 주제는 화조, 미인, 모란, 십장생 등 다양했습니다. 그러나 조선 후기에는 호랑이, 닭, 혹은 신선 그림으로 한정되었습니다. 문배(門排)는 궁전의 문과 벽에 붙이는 그림으로 위력을 가진 종규(鐘馗)나 처용(處容) 등이 주된 주제였습니다.

오른 여러 명의 아들과 사위를 거느린 점을 특별히 취하여, 복록, 장수, 다남(多男)을 상징하는 축복의 인물로 삼았습니다.

청록 산수를 배경으로 한 저택 앞에는 곽자의와 그의 자손, 잔치에 초대되어 선물을 가지고 오는 사람들, 화려하게 치장한 여인들로 가득 차 있습니다. 이 그림은 백 명의 아이들을 그린 백자도(百子圖)와 함께 조선 후기의 왕실 가례에서 사용되었습니다.

감상해 봅시다

조선시대 궁중 회화 작품은 다음의 장소에 펼쳐져 있어요. 소개된 곳에 방문하여 유물을 직접 감상해보고 자세히 살펴보아요.

- **국립고궁박물관 궁중서화관** | 도화서 화원 제작의 왕실 서화 유물
- **국립중앙박물관 온라인전시관**
  국립중앙박물관 온라인전시를 통해 왕실기록 회화를 자세히 알아보아요.
  의궤 https://www.museum.go.kr/streaming_player2.
  jsp?cid=22492&poster=22513
- **근정전 조회도**
  https://www.museum.go.kr/streaming_player2.
  jsp?cid=22490&poster=22520

제12강

과도기의 미술

이런 것들을 배워 봅시다

도화서가 폐지되면서 화가의 활동 기반, 제도, 교육 등은 새로운 국면을 맞이하게 됩니다. 서화미술원, 서화협회 등이 설립되었고, 서구의 새로운 기술이 유입되며 기존의 회화 미술에는 커다란 변화가 나타났습니다. 동시에 민간에서는 민화라 불리게 되는 민간 제작의 회화 작품들이 유통되었습니다. 외국인을 대상으로 한국의 풍속화가 제작되어 판매되기도 하였습니다. 분원이 사라지고 근대적 기술교육기관으로 관립공업전습소가 설치되며 공예의 분화와 기계화가 추진되었습니다.

- 도화서와 분원이 사라지면서 회화 제작 및 도자기 제작의 중심지가 어디로 옮겨지는지 살펴봅니다.
- '민화'란 이름이 어떻게 생겨났으며 그 실상은 어떠한지 이해합니다.

찾아가 봅시다

- 국립고궁박물관(서울시 종로구)
- 서울공예박물관(서울시 종로구)
- 분원백자자료관(경기도 광주시)
- 가회민화박물관(서울시 종로구)

서화미술원이란?*

1911년 윤영기가 '경성서화미술원'의 이름으로 설립한 한국 최초의 근대적 미술교육기관입니다. 1912년 '조선서화미술회'로 이름을 바꾸고, 안중식과 조석진 등을 중심으로 고법 전수식의 후학 양성이 이루어졌습니다.

서화협회란?**

서화계의 발전과 연구, 후진 양성을 위해 설립한 한국 최초의 근대 미술단체입니다. 회장은 안중식, 총무는 고희동이었고, 오세창·조석진·김규진·이도영 등이 회원으로 등록하였습니다.

▌ 도화서가 사라지다 ▌

조선시대 회화 제작에서 중추역할을 하였던 도화서는 1895년에 폐지되었습니다. 이후 일제강점기를 맞이하면서 화가의 활동 기반, 제도, 교육 등은 전례가 없는 새로운 국면을 맞이하게 되었습니다. 도화서의 시대가 사라지고 근대기가 도래하였을 때, 사라진 시대를 기록하고 민족의 문화를 보존하고자 하는 뜻으로 오세창(吳世昌, 1864-1953)은 방대한 문헌을 섭렵하여 우리나라 역대의 서화가 1,117인을 정리한 『근역서화사(槿域書畫史)』(1917)를 정리하였습니다. 이는 10년 후 『근역서화징』으로 다시 출판되었으며, 오늘날까지 한국회화 연구에서 아주 중요한 자료집으로 자리를 지키고 있습니다. 오세창은 이 밖에도 조선시대 인장과 서화작품에 관련한 주요한 편집 서적들을 제작하였습니다.

도화서 화원으로 마지막 세대이자 거장이었던 장승업에게서 그림을 배운 안중식(安中植, 1861~1919)이 20세기를 맞아 전통의 근대적 계승에서 커다란 역할을 담당하였습니다. 그는 19세기 말 청나라에 영선사의 제도사로 파견되어 견문을 넓히는 기회를 가진 뒤에, 1911년 이왕가의 후원으로 서화미술원*이 설립되자 영선사로 동행했던 조석진(趙錫晉, 1853-1920)과 함께 다음 세대 화가의 교육에 힘을 기울였습니다. 또한 1919년 서화가들이 조선의 전통을 보존하고자 하는 민족성으로 결집한 서화협회**가 만들어졌을 때 안중식은 초대회장으로 선출되어 전통적 서화계의 지도적 역할을 하면서 거국

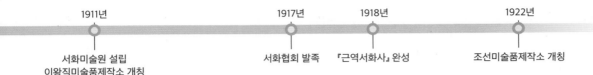

1911년	1917년	1918년	1922년
서화미술원 설립 이왕직미술품제작소 개칭	서화협회 발족	『근역서화사』 완성	조선미술품제작소 개칭

광통교에서 그림이 판매되다 18세기 후반부터 서울 종로의 청계천가의 광통교에서는 도화서 화원화가들이 그린 작품이 고가로 판매되고 있었습니다. 도화서 화원들의 급여는 적었고 왕실 외부에는 상업이 발달하여 그림 장식을 하고자 하는 민간인들이 형성되고 있었기 때문입니다.

그러자 이를 모방하여 무명화가들도 그림을 그려서 판매하였습니다. 이러한 상황은 민가에서 왕실의 양식을 인식하고 애호하게 되는 데 큰 기여를 하였습니다. 오늘날 영국의 한 미술사학자는, 왕실 그림의 주제를 민가에서도 함께 사용하였던 현상은 한국미술사에 나타나는 특이하고 흥미로운 현상이라고 지목했습니다.

▲ 종로쪽에서 바라본 광통교, 1900년경

적 명성을 누렸습니다.

　김은호, 이상범, 고희동 등은 안중식으로부터 전통 기법을 전수받았지만, 일본 및 서양의 화풍을 흡수하여 자신의 특성을 발휘하면서, 한국 근대기 회화사에서 주역으로 활동하게 됩니다. 이들의 작품세계에 대하여는 다음 장 '근대미술'에서 본격적으로 다루도록 하겠습니다.

▮ 사진이 등장하다 ▮

19세기 말 20세기 초의 예술매체 변화는 급격하였습니다. 서구에서 만든 화학안료, 사진기술, 출판 인쇄술 등이 그것으로, 이들은 기존의 회화미술에 커다란 변화를 초래하였습니다. 한 예로 사진을 보면, 18세기 학자들은 사진술의 원리에 대하여 논의하기 시작하였고, 19세기에 한국에 사진 기술이 도입되었으며, 20세기초에는 한양에 사진소가 설치되었습니다. 왕실에서는 사진으로 국왕을 촬영하였습니다.

　　유명한 서화가 해강(海岡) 김규진(金圭鎭, 1868-1933)이 일본에서 사진술을 배우고 돌아와 1907년 8월 서울에 세운 천연당사진관(天然堂寫眞館)은 대표적 사례입니다. 이 사진관은 새로운 기술을 지속적으로 도입하여 사진의 고급화를 도모하고 여성 전용 사진사를 두

▼ 김규진 촬영,
　　〈황현 초상사진〉
▼▶ 채용신,
　　〈황현 초상〉

사진으로 초상화를 그린 화가, 채용신 채용신(蔡龍臣, 1850~1941)은 사진과 전통적인 초상화 제작기법을 결합한 화가입니다. 채용신은 이미 고종황제의 부름을 받아 당시 도화서 화원 조석진과 함께 태조 어진을 모사하고, 고종 어진을 그리며 최고의 초상화가로 평가받았습니다. 이후 고향으로 내려와서 초상화를 전문적으로 제작하는 채석강도화소를 설립하고, 사진을 받아 초상화를 그려주었습니다. 쌀 한 말이 3.5원 하던 때 전신 초상은 100원, 반신상은 80원의 가격으로 제작되었습니다. 사진이 없는 경우 그의 아들 채상묵이 직접 찾아가 사진 촬영을 해주기도 하였습니다. 채상묵이 종로에서 사진관을 운영하고 있었기에 사진 촬영이 가능했던 것입니다. 초상화 제작을 위해 가격 표시와 작가 이력을 담은 전단지를 제작해 배포하기도 하였습니다.

어 당시 큰 인기를 누렸습니다.

사진은 초상화보다 인물의 모습을 더욱 정확하게 전달할 수 있기에 전통시대의 초상화를 대신할 수 있었겠지요. 그런데 기이한 현상이 나타났습니다. 인물사진을 자료로 하여 초상화를 그리는 작업이 한동안 성황을 이루었습니다. 사진이 초상화 제작을 위한 자료로 인식되었던 양상입니다. 이렇게 사진으로 초상화를 그리는 독특한 초상화 제작은 초상화의 시대에서 사진의 시대로 이행하는 과도기적 양상의 흥미로운 사례라고 할 수 있습니다.

'민화'가 탄생하다

왕실에서 베푼 세화 및 문배, 궁중을 장식한 병풍의 주제들은 19세기로부터 근대기 민간으로 확산되었고 20세기 전반까지 민가에서 유행하는 그림의 주제가 되었습니다. 19세기 왕실에서 세화로 베푼 호랑이 그림, 닭 그림, 십장생도들은 민가에서 유사하게 다시 제작되어 유통되었습니다. 19세기 말 20세기 전반기 민가에서 사용했음직한 모란병, 화초영모병들은 왕실의 양식을 거듭 모사하면서 갖은

▲ 〈십장생도〉
ⓒ국립민속박물관

모양과 색상으로 변화한 형태로 오늘날 무수하게 전하고 있습니다. 백자도, 요지연도, 곽분양행락도, 책가도 등의 규모가 큰 병풍은 재력 있는 민가에서 주문 제작하여 사용하였던 것으로 보입니다.

민가에서 유통된 그림들을 왕실의 제작품과 비교하면, 기법과 안료 사용에서 차이가 나타나지만, 오히려 놀랍도록 창의적인 조형감각이 발휘되고 있다는 점에서 주목할 만합니다. 그것은 마치 서양의 입체주의, 표현주의, 초현실주의들을 연상하도록 하는 기법들이었습니다. 20세기 전반기에 한국에 머물렀던 일본학자 야나기 무네요시는 이러한 그림을 '조선민화'라고 칭하며 '불가사의(不可思議)'하다고 높이 평가하였습니다. 그가 만든 조선민화 수장고는 오늘날 동경 민예관이라는 사설 박물관에 안치되어 있습니다. 한국에서도 민가에서 유통된 이러한 그림들을 '민화'라 통칭하게 되었습니다.

'민화'라 분류될 만한 많은 그림들을 장르별, 지역별, 양식별로 구분하면, 지방양식, 특정 양식의 공방, 가문 등의 작업 실상이 확인됩니다. 이는 민간 주도적인 미술시장 형성을 의미합니다. 20세기 초 한국에서는 민가의 벽에 각종 그림을 장식하는 문화가 발달되어 있었습니다. 당시

▼ 〈모란도 8폭 병풍〉
ⓒ국립민속박물관

▲ 〈문자도 6폭 병풍〉 ⓒ국립민속박물관

더 알아봅시다

'문자도'의 내용과 양식 근대기 전국적으로 유행한 문자도는 '효제충신예의염치(孝悌忠信禮儀廉恥)'의 여덟 글자의 조형으로 왕실에서 사용되기 시작하였으나, 각 자(字)의 도덕적 의미에 관련된 인물 고사들에서 주요 물상을 취합하여 획을 만든 도안화로 발전하면서 민간에 널리 유행하였습니다. 예를 들어 효(孝)자를 구성하는 고사는 진(晉)나라 왕상(王祥)이 계모의 병을 낫게 하고자 겨울에 얼음을 깨고 잡은 잉어, 오(吳)나라 맹종(孟宗)이 한겨울에 노모를 위해 눈물로 돋게 한 죽순, 효자 황향의 부채, 효를 행한 순임금의 거문고 등이 글자의 획을 구성합니다. 특별히 강원도 문자도는 상·하단에 관동의 산수, 화조, 혹은 책거리 등을 더한 양식이고, 제주도 문자도는 상·하단에 제사상 및 제주의 꽃, 구름, 파도문 등을 더한 양식입니다.

▲ 〈강원도 문자도 8폭 병풍〉 ⓒ국립민속박물관

▲ 〈제주도 문자도 8폭 병풍〉 ⓒ국립민속박물관

관혼상제(冠婚喪祭)
란?●

관례(冠禮)·혼례(婚禮)·
상례(喪禮)·제례(祭禮)
네 가지 의례의 총칭
입니다. 관례는 머리에
갓을 써서 어른이 되
는 의식을 말하고, 혼
례는 혼인을 행할 때
에 수반되는 의례와
절차를, 상례는 사람이
죽은 후 장사를 지내
는 예법을, 제례는 조
상에게 제사를 올리는
예를 말합니다.

한국을 방문한 서양선교사들은 한국의 가정에 알록달록한 그림들
이 장식된 것을 이색적 풍광으로 기록하였습니다. 민화는 왕실장식
병풍, 문배그림뿐 아니라 문인들이 향유한 산수화도 흡수하여 소상
팔경, 무이구곡, 관동팔경, 금강산도 등의 주제를 두루 취하였고 혹
은 장르를 조합하면서 창의적 제작을 하였습니다. 일제강점기에는
일본의 화풍과 판화기법이 민화에 더해져 다채롭고 자유로운 전개
양상을 보여주었습니다.

전국적으로 분포했던 문자도(文字圖)의 경우를 볼까요? 언제 누
가 이 문자도의 도상을 만들었는지에 대한 유래는 아직 밝혀지지
않았지만, 문화가 비교적 척박한 강원도와 제주도에서도 지역 양식
이 발달되었을 만큼 거국적 유행을 하였던 그림입니다.

▌ 풍속화가 외국으로 팔려나가다 ▌

서구인들의 한반도 출입이 활발해지던 20세기 초, 이에 부응하는
새로운 종류의 풍속화가 제작되고 있었습니다. 김준근(金俊根)이 그
린 다량의 풍속화들이 그것입니다. 그는 1886년 고종의 초청으로
조선을 방문한 미국 제독의 딸에게 한국의 풍속을 그려준 일을 계
기로 하여 부산, 원산 등 개항한 항구 도시에서 외국인을 대상으로
한국의 풍속화를 제작하여 판매하였습니다.

김준근의 풍속화는 관혼상제●를 포함한 다양한 풍속을 다루었
습니다. 예를 들어보면, 〈효자거묘살고〉는 부모 장례 후 아들이 묘
소 옆에 여막(廬幕, 오두막)을 짓고 3년간 시묘(侍墓)살이 하는 장면입
니다. 그림 속 초가집이 여막으로 보입니다. 〈태쟝치고〉는 태형(笞
刑)과 장형(杖刑)을 보여줍니다. 태형은 회초리와 같이 가는 형구로
볼기를 치는 형벌이라면, 장형은 굵은 몽둥이로 때리는 형벌입니다.
이러한 장면은 이전의 풍속도에서 좀처럼 그려지지 않던 주제였습

니다. 김준근의 풍속화는 외국인들에게 인기가 많았습니다. 이는 당시 서양 제국주의의 민속학적 호기심을 충족시켜 주는 역할을 하였기 때문입니다. 이에 부응하고자 김준근은 공방의 공동작업을 하였던 것으로 보입니다. 김준근 풍속화는 현재 국내외의 박물관에서 1,200여점이 조사된 상태입니다.

▌ 분원이 사라지다 ▌

1876년 개항 이후 한국의 도자기는 기존의 수공업체제를 탈피하여 산업공예로서 변화를 시도하였습니다. 조선시대 분원은 관영 수공업 중 가장 마지막까지 국가가 운영하는 관영체제를 유지했으나, 결국 물밀듯이 밀려오는 산업 도자에 맞서지 못한 채 1884년에 민영화되었습니다. 민영화된 이후 민간업자에게 이양된 분원은 한동안 민수용 백자를 전국에 유통시켜 성황을 누렸으나 개항 이후부터 일본 규슈지역 도자기들이 본격적으로 수입되면서 분원자기는 시장경쟁력을 잃었습니다. 한편 조선의 선구적인 지식인들은 일본 도

일본 산업 도자의 침투 한국의 근대도자는 근대화하는 과정에서 서구의 산업문명에 대응하지 못하고 제국주의의 침략을 받으며 자연스러운 발전을 이루지 못했습니다. 1884년 분원이 민영화되면서 시장을 겨냥한 백자를 본격적으로 제작하고자 했으나 일본이 조선인의 취향에 맞춰 제작해 수출한 산업 도자에 밀려 시장에서 경쟁력을 점점 잃어갔습니다.

자 산업에 자극을 받아 식산흥업으로써 근대식 도자산업의 중요성을 계몽하고자 하였습니다. 1897년 주한 프랑스공사의 협조를 받아 조정에서는 공예미술학교의 설립을 추진하였고 1900년도에는 파리 만국박람회에 참가하는 등 자구적인 노력을 강구하기도 했습니다.

그러나 1910년 일제에 의해 국권이 강제로 피탈된 이후에는 국내에 일본인 자본가들에 의해 도자공장이 설립되면서 점차 잠식당하게 됩니다.

조선의 수공업, 산업과 예술의 갈림길에 서다

조선시대에는 관수용 공예품을 중앙의 경공장과 지방의 외공장이 맡아 제작하였는데, 조선 말기에는 관장(官匠)들이 각 지방으로 흩어졌고 외공장들도 개인 작업에 종사하기 시작하였습니다. 1907년 공

▲ 관립공업전습소의 도기과 학생들의 실습 장면

▲ 〈은제이화문탕기〉
ⓒ국립고궁박물관

부(工部)에서 근대적 기술교육기관으로 관립공업전습소(官立工業傳習所)를 설치하고 전공 과목을 도기, 염직, 목공, 금공, 응용 화학, 토목 등 6개 과로 두어 공예의 기계화를 추진하였습니다.

당시에 조선왕실은 전통적인 수공예기술을 복원해 고급 공예품을 제작할 것을 표방하며 황실 공예품을 담당하는 기관으로 1908년 한성미술품제작소°를 설립하였습니다. 이는 1910년에 이왕직미술품제작소(李王職美術品製作所)로 이름이 바뀌었고, 1922년에 주식회사 조선미술품제작소(朝鮮美術品製作所)가 되어 1937년까지 존속하였습니다.

한성미술품제작소
(漢城美術品製作所)?°

한성미술품제작소는 대한제국 황실의 후원으로 조선의 고유한 미술품 제작을 목적으로 설립되었습니다. 1922년에 이르러서 제작소가 일본인에게 넘어가 일본인에 의해 민간 주식회사 '조선미술품제작소'로 전환되었습니다.

더 알아봅시다

▲ 〈은제 이화문합〉
ⓒ국립고궁박물관

▲ 〈이화문〉,
은제이화문탕기 부분
ⓒ국립고궁박물관

이화문(李花文) 대한제국의 국장(國章)이며, 일제강점기까지 황실 문장으로 사용되었습니다. 이화문은 조선 왕조의 전주 이씨를 상징하는 꽃인 오얏꽃(李花)을 도안화한 것입니다. '이화문'은 이왕직미술품제작소에서 만든 모든 공예품에 장식되었습니다.

감상해 봅시다

조선에서 근대로 넘어오는 과도기의 회화, 공예품은 다음 장소에 펼쳐져있어요. 소개된 곳에 방문하여 유물을 직접 감상해보고 자세히 살펴 보아요.

- **국립고궁박물관** | 대한제국 황실 공예품
- **가회민화박물관** | 화조영모병, 책가도병, 문자도 등 민화
- **서울공예박물관** | 대한제국기 은제, 도자 공예품, 미술품제작소에서 제작된 공예품 등
- **분원백자자료관** | 사옹원 분원 제작 관수용 백자, 분원 운영과 특징에 대한 다양한 자료 등

근대기의 미술

이런 것들을 배워 봅시다

20세기 초·중반 한국 사회가 근대기로 진입하던 시점, 미술계에는 여러 가지 변화들이 있었습니다. 전통적인 시·서·화에서 서예와 동양화가 추출되고 공예는 예술과 산업으로 재편되었으며 서구의 회화가 일본을 경유하여 유입되었습니다. 조선미술전람회를 통해 이들은 분류되고 평가되었습니다. 다른 한편 도시문화가 팽창함에 따라 모던 걸의 문화가 등장하고 1930년대부터 서양화에 새로운 여성상이 그려졌습니다. 이후 한국전쟁의 시기에 작가들은 전장을 기록하거나 폐허가 된 도시를 기록하기도 했습니다. 그러한 과정에서 미술은 식민지 시대와 전쟁, 냉전의 이념들을 반영하였습니다.

• 정치적, 사회적 격변기 속에서 작가들은 어떠한 표현 의식을 가지고 어떤 재료와 매체를 통해 창작활동을 수행해 나갔는지 알아봅니다.

찾아가 봅시다

· 국립현대미술관 삼청(서울시 종로구)
· 국립현대미술관 덕수궁(서울시 중구)
· 국립현대미술관 과천(경기도 과천시)
· 국립현대미술관 청주
　(충청북도 청주시)

· 서울시립미술관 서소문
　(서울시 중구)
· 서울공예박물관
　(서울시 종로구)

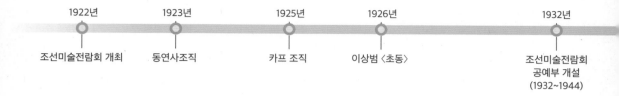

1922년	1923년	1925년	1926년	1932년
조선미술전람회 개최	동연사조직	카프 조직	이상범 〈초동〉	조선미술전람회 공예부 개설 (1932~1944)

▎ 근대적 '미술'의 개념이 도입되다 ▎

'미술(美術)'은 현재 한국에서 일상적으로 쓰이는 말입니다. 그러나 1900년대 초반까지 '미술'이나 '미술가'는 한국에 없던 용어입니다. '미술'은 19세기 후반에서 20세기 초반, 서구의 문명개화를 받아들이고 일본의 식민 지배하에 도입된 서구적, 근대적(modern)인 개념입니다. 그렇다면 '미술'은 언제 어떻게 처음 사용되고, 당시 무엇을 의미했을까요?

첫째, '미술'은 박람회에서 그림, 불상, 도자기, 서예, 공예품 등을 따로 진열할 때 이들을 묶어서 부른 명칭입니다. 즉 공업이나 산업의 생산물과는 다른 문화적, 문명적 가치를 가진 사물들을 가리

▶ 제2회 조선미술전람회
　　내부 관람 광경

1935년
구본웅 〈친구의 초상〉

1938년
이왕가미술관 설립

1949년
대한민국미술전람회
개최

1957년
〈한국국보〉 해외순회전

키는 단어였습니다. 이때 '미술'은 사고 팔 수 있는 도자기나 일상 공예품도 포함하고 있었습니다. '한성미술품제작소(1908)'처럼 나전 칠기와 은수저를 만들어 팔던 회사도 '미술'이라는 단어를 사용하였 습니다.

둘째, '미술'은 1910년대 이후부터 점차 오늘날의 '순수미술 (fine arts)'에 가까운 의미로 사용됩니다. 공예품이나 실용품보다는 순수한 창작의 의도로 만들어진 회화와 조각 등을 뜻하게 된 것 이죠. 1910년대에는 순수미술을 지향하는 작가들의 단체도 생겼 고, 1920년대에는 '조선미술전람회®'라는 대규모의 전람회도 개최 되어, 마치 오늘날처럼 미술을 감상할 수 있는 조건이 생겼습니다. 1938년에는 덕수궁 석조전에 '이왕가미술관'이 설립되어 한국의 고 미술과 일본의 근대미술을 전시하기도 했습니다. 물론 조선미술전 람회나 이왕가미술관은 일제강점기에 총독부가 주최했기에, 여기 서의 '미술'은 제국주의 이념과 동떨어질 수는 없었습니다.

조선미술전람회(朝 鮮美術展覽會)란?®

'조선미전(朝鮮美展)' 혹은 '선전(鮮展)'으로 부르기도 합니다. 조선 인 미술가 단체인 서 화협회가 전시회를 열 자 조선총독부에서 이 를 견제하고자 개최한 전국 규모의 미술 작 품 공모전입니다.

더 알아봅시다

박물(博物) '박물'은 무슨 뜻이며 언제 사용되었을까요? 1909년 창경궁에 대한제국의 마지막 황제였던 순종을 위해 식물원, 동물원, 박물관이 함께 세워졌습니다. 이때 박물관 소장 물품은 고대의 유물, 불상, 조선시대 회화와 같은 오래된 문화재 12,230점이었습니다. 이것이 곧 대중 에게 공개되어 최초의 공공박물관이 되었습니다. 여기서 '미술품'으로 분류된 것들은 이후에 덕 수궁으로 옮겨가면서 이왕가미술관으로 명칭이 바뀌었습니다.

시, 서, 화가 분리되고 동양화가 탄생하다

조선미술전람회('조선미전')는 1922년부터 1944년까지 총 23회 열린 전국에서 가장 큰 규모의 관전(官展)입니다. 이는 총독부가 주최한 연례행사였지만, 한국 근대미술이 전개되는 과정에 큰 영향을 미쳤습니다. 공모전의 형태로 진행되는 이 전람회에서는 동양화, 서양화 및 조각, 서예로 나누어 작품을 받았습니다.

근대 이전 한국에서는 시서화 전통이 밀접하게 연관되어 있었습니다. 하지만 20세기 초반 가장 크고 공식적인 전람회였던 조선미전에서 시서화를 분리하고, 다시 회화를 동양화, 서양화로 나누어 전시하면서, '미술' 안에서 세부 장르들이 생겨나기 시작합니다. 앞서 '미술'이 서구에 기원을 둔 용어라고 설명했습니다. '회화(繪畫)' 또한 마찬가지입니다. 일본을 경유하여 수입된 서구의 '페인팅(painting)'은 한국에서 '회화'로 번역되었습니다. 그리고 전통 수묵화와 전통 채색화는 회화의 세부 장르인 '동양화(東洋畫)'로 포함되었습니다.

▼ 변관식, 〈촉산행려도〉
▼▶ 이상범, 〈초동〉
ⓒ국립현대미술관

'공예(工藝)' '공예'라는 단어도 근대에 탄생한 용어입니다. 근대 이전에는 재료에 따른 명칭이 있었을 뿐 오늘날 상용되고 있는 '공예(工藝)'라는 용어는 없었습니다. 근대기의 '공예'는 '공업예술'의 준말로 문명과 산업의 관점에서 만들어진 새로운 용어입니다. 한국에서 19세기 후반부터 사용된 '공예'는 수공예와 기계 공예 모두를 포괄하였으나, 이후 공예와 기계 생산이 구분되자 수공예만을 따로 지칭하기 위해 '미술공예'라는 개념을 도입하였습니다.

'동양화'라는 개념 속에서 전통 회화는 새로운 시대에 맞는 새로운 화법과 양식으로 모색되기 시작했습니다. 특히 서화미술회° 출신이자 동양화 1세대의 신진작가였던 이상범과 노수현, 변관식, 이용우는 1923년 '동연사°°' 그룹을 조직하여 옛 전통과 새로운 형식의 융합, 동서미술의 절충을 시도했습니다. 이들은 원근법과 사실적인 재현, 현실적인 소재, 사생(寫生, sketch)을 적극적으로 채택하여 전통 회화를 근대적 감각에 맞게 개혁해 나갔습니다.

조선미술전람회 공예부가 개설되다

본격적인 근대 공예의 활동은 조선미술전람회부터라 할 수 있습니다. 조선미술전람회가 개설된 지 11회째인 1932년부터 공예부가 개설되었고 1944년까지 지속되었습니다. 조선미전이 순수미술전람회였던 만큼, 공예부에서는 기술적 측면보다는 공예를 순수 미술화하려는 경향이 강했습니다. 조선미전은 공예가의 등용문으로 인식되었기 때문에 공예가들은 일본인 심사위원들의 관점이나 일본식 취향에 맞춘 작품을 출품할 수밖에 없었습니다.

조선미전 공예부의 수상자들 중 한국인은 이남이, 김봉룡, 강창규, 장기명, 정인호, 나능호 등 대다수가 전통 공예 기술자들이었습니다. 따라서 출품작에는 일본화된 기술과 조형감각이 반영되면

서화미술회란?°
윤영기에 의해 설립된 서화미술원이 재정 문제로 위기에 처하자, 이완용에게로 운영권이 넘어갔습니다. 이듬해 이완용을 회장으로 하는 조선서화미술회 단체가 조직되어 미술원을 운영했습니다. 서화미술원 산하 강습소는 1914년 서화미술회강습소로 개편되어 교육생을 배출하였습니다.

동연사(同研社)란?°°
1923년 3월 9일 경성에서 조직된 한국 최초의 한국화 동인회입니다. 전통적인 산수에서 벗어나 새로운 길을 찾기 위하여 '신구화도(新舊畫道)' 연구와 전시회 개최를 취지로 내세웠습니다. 해체 이후에도 4인의 화가는 개인적으로 취지를 실현하고자 노력했습니다.

더 알아봅시다

일제강점기 한국인 공예가 임숙재(任淑宰, 1899~1937)는 한국인으로서는 최초로 동경미술학교에서 도안(圖案)과를 졸업하고 한국의 근대공예 여명기를 열었던 작가로, 서양 아르누보(Art Nouveau)의 양식에서 영향을 받은 작품을 주로 제작하였습니다. 임숙재의 작품으로는 나전칠기를 제작하는 도안들과 나전칠기소반이 전해지고 있습니다.

◀◀ 임숙재,
　〈사슴도안〉

◀ 임숙재,
　〈목단문나전
　칠소판〉

서, 동시에 전통의 발전보다는 기존의 복고적 요소를 답습하거나 절충하는 요소가 배어 있었습니다.

　조선미전 공예부의 순수미술화 경향은 이후 근대 공예를 이원화시키는 결과를 초래하게 되었습니다. 한편으로는 기술 중심의 전승공예로, 또 한편으로는 조형성 중심의 미술공예로 이원화됨으로써 애초의 실용성과 조형성이 어우러졌던 공예의 본질이 상실되고 말았습니다.

공예진흥정책이란?
일제강점기 조선총독부는 중앙시험소를 세우고 공예정책을 실시했습니다. 1920년대부터는 원료 조사 확산과 산업 촉진을 위한 사업을 전개하였고, 1930년대에는 일본으로 원료 유출을 확대하는 동시에 기초적 기술 교육을 진행하였습니다. 1940년대에 이르러서는 수출용 상품 제작이 확대되었습니다.

근대 도자, 여러 갈래로 나뉘다

1910년 일본에 의해 국권이 피탈된 후 일본 도자는 본격적으로 국내로 침투하였습니다. 조선총독부는 공예진흥정책˚을 추진하면서 조선으로 일본인 산업가들이 진출할 수 있는 제도를 마련해 주었습니다. 1912년에는 조선총독부 중앙시험소를 설치해 조선 내 원료와 입지 등을 구체적으로 조사하였으며, 이를 토대로 일본인 기업가들이 국내로 진출하여 도자기 공장을 차렸습니다. 또 1917년 일본경질도기주식회사는 부산에 조선경질도기주식회사를 설립해 조선의 원료로 만든 도자 제품을 해외로 수출했습니다. 조선인들이 전국 각지에서 가마를 운영하기는 했으나 기존의 소규모 수공업체제를 벗어나지 못했습니다 .

1905년 전후부터 이루어진 일본인들의 고려 왕릉 도굴은 일본인들의 고려청자 애호로 이어졌습니다. 이에 맞춰 일본인들이 세운 제작소에서 고려청자 모조품을 생산하게 됩니다. 일본인 도미타 기사쿠가 세운 삼화고려소(三和高麗燒), 그리고 한양고려소(漢陽高麗燒)에서는 한국인인 유근형과 황인춘 등이 고용되어 청자를 주로 제작하였습니다. 더불어 조선미전 공예부에 출품된 도자기들 중 일본 취향의 도자기가 수상을 하면서 근대 도자 공예 중 선두를 차지하게 된 계기가 되었고, 이 과정에서 도자기가 실생활용 도자기가 아닌 미술작품으로 인식되기 시작했습니다.

공예에 대한 새로운 인식이 싹트면서 도자기를 산업과 미술로 구분 짓는 의식이 발아했습니다. 이는 주체적인 선택이라기보다는 당시

삼화고려소, 한양고려소 삼화고려소와 한양고려소는 고려청자 수집가 도미타 기사쿠(富田儀作)가 1908년 평안남도 진남포와 경성에 설립한 청자 공장입니다. 삼화고려소에서 제작된 청자는 국내외에서 개최된 각종 박람회와 전람회 등에 정기적으로 출품되었을 뿐만 아니라, 일왕과 관료들의 진상품으로 사용되었습니다. 청자 제작에 전반적인 실무는 일본인 기술자들이 전담했고, 조선인 기술자는 7~8년의 숙련 기간 이후에야 제작에 참여할 수 있었습니다. 청자 제작은 전승 재현에 충실한 관상품, 왜색풍의 각종 생활기, 저렴한 관광상품과 기념품에 이르기까지 다양했습니다. 고려소의 청자사업은 1930년대 후반 무렵부터 침체되기 시작했습니다.

◀〈삼화고려소 제작 청자주병세트〉
ⓒ서울공예박물관 소장품

아카데미즘 (academism)이란?•

프랑스의 교육제도인 '에콜 데 보자르(École des Beaux-Arts)'에서 비롯된 용어입니다. 아카데미에서는 데생, 인체 소묘, 원근법, 대기 원근법을 정확히 구사하여, 국가가 요구하는 역사화나 초상화를 제작할 수 있는 작가들을 배출했습니다. 아카데미즘은 바로 이러한 미술 교육으로부터 등장한 고전주의적인 미술 경향을 뜻합니다.

외광파(外光派, pleinairisme)란?••

인공적인 조명을 거부하고, 이젤과 캔버스를 야외에 설치하여 시시각각 변모하는 시지각의 조건(빛, 색채, 대기감)들을 빠르게 포착하여 작품을 제작하는 새로운 미술 경향을 뜻합니다.

서구 산업문명의 침투와 일본 제국주의의 미적 취향이 강하게 반영된 결과라고 할 수 있습니다. 또 미술로서의 도자공예는 오늘날 전통 도자기 조형과 기술을 이어가려는 전승 도자와 미술대학을 중심으로 한 이른바 현대 도예의 형성에 뿌리가 되었습니다.

▍ 서양화단이 서다 ▍

20세기 초반이 되자, 해외에서 서양화를 배우고 돌아오는 작가들이 많아졌습니다. 대부분 일본 미술학교에 입학하여 유화와 수채화를 익혔습니다. 1세대 일본 유학파 출신의 작가로는 고희동, 이종우, 김관호, 나혜석 등이 있습니다. 이들은 유학시절 사실주의적 아카데미즘•과 외광파•• 스타일의 회화를 배웠고, 풍경, 누드, 인물 좌상, 자화상 등을 유화로 남겼습니다.

1930년대에 이르자 일본에서 모더니즘••• 회화를 접했던 작가들이 귀국했습니다. 이인성, 김주경, 오지호 등은 일본에 유입된 서구의 후기인상주의나 표현주의를 접하고 작가의 주관성을 강하게 드러내는 회화 작품을 발표했습니다. 유학을 가지 않았던 국내파 화가들인 안석주, 김종태, 윤희순 또한 자체적으로 모더니즘 미술을 연구하여 조선미전 서양화 부문에 실험적인 작품을 발표했습니다. 특히 안석주는 조선프롤레타리아예술연맹인 카프의 미술부에서 서화, 만화, 사진, 포스터, 판화 등의 다양한 장르를 넘나들며 활약했습니다. 비단 카프뿐만 아니라, 근대기 서양화가들은 월간지, 문예지에 삽화와 일러스트레이션을 그리면서 인쇄미술의 최첨단을 이끌었습니다.

한편 일본 유학 중에 서구 아방가르드 미술에 영향을 받은 작가들도 있었습니다. 구본웅은 일본에서 야수주의와 표현주의를 익히고 아카데미즘과 과감하게 단절하여, 거칠고 대담한 붓터치와 강

◀ 김관호, 〈해질녘〉

◀◀▼ 안석주,
  〈가상소견2-모던 뽀이의 산보〉
  ⓒ조선일보, 1928. 2. 7
  발행 삽화

◀▼ 구본웅,
  〈친구의 초상〉

▼ 김환기, 〈론도〉
  ⓒ(재)환기재단·환기미술관

렬한 색감으로 시인이자 친구였던 이상의 인물화를 그렸습니다. 김환기는 도쿄의 아방가르드 미술연구소에 왕래하면서 추상미술과 절대주의 양식을 접했고, 1930년대 후반에는 기하학적 형태와 색면, 리듬감을 실험하는 작품을 제작했습니다.

조선프롤레타리아예술연맹, 카프(KAPF) 1925년 8월 사회주의 혁명을 위해 조선인 예술가들이 조직한 문예운동 단체입니다. 에스페란토의 표기방식으로 'Korea Artista Proleta Federacio', 줄여서 카프(KAPF)라고 불렀습니다. 러시아 혁명에 따라 사회주의 사상이 확산되고, 새롭게 등장한 프롤레타리아 문예운동 단체이자 한국 최초의 전국적인 예술가 조직입니다. 1926년에는 『문예운동』을 발간하고, 이를 바탕으로 1927년 도쿄에서 『예술운동』 발간하였습니다. 카프는 도쿄, 개성, 원산, 평양 등의 각지에 지부를 설치하고, 200여 명의 맹원(盟員)을 확보한 대단위 조직이었습니다. 100여 명의 문인이 참가한 전국 맹원총회(盟員總會)를 개최하고 "일체의 전제세력(專制勢力)과 항쟁한다. 우리는 예술을 무기로 하여 조선민족의 계급적 해방을 목적으로 한다"는 강령 내세우며 진보적 사회·정치 운동으로서의 예술운동을 표명했습니다. 1930년 조직 개편을 통해 미술부가 문학부, 영화부, 연극부, 음악부와 함께 생겼고, 이듬해 미술부는 조선프로미술가동맹을 결성하였습니다.

▼ 나혜석, 〈자화상〉
ⓒ수원시립미술관

‘모던 걸’의 문화가 시작되다

서구에서는 19세기 말부터 도시문화가 팽창하여 여성 노동력이 증가하면서, 가정에서 벗어나 근대적 교육을 받고 사회적인 노동에 종사하는 여성들이 증가합니다. 이렇게 신교육과 사회적인 노동을 추구한 여성들을 ‘신여성(New Woman)’ 혹은 ‘모던 걸(Modern Girl)’이라고 부릅니다. 한국에서도 1910년대부터 ‘신여성’이라는 용어가 등장했고, 1920년대에 이르면서 일반화되었습니다. 신여성은 전통적인 결혼관을 비판하고 자유로운 연애를 추구했으며, 외모와 행동에 있어서도 적극적으로 자신의 이

◀▲ 이유태,
〈인물일대-탐구〉

▲ 이유태,
〈인물일대-화운〉

미지를 만들었습니다. 쪽진 머리에 긴 치마 저고리와 고무신을 신던 구여성과 자신을 대비하여, 서양식 옷을 입고 커트 머리를 하거나 양산을 쓰며 높은 구두를 신기도 했습니다. 무엇보다 신여성은 남성과 동등한 인격체로서의 여성 정체성에 대해서 사유했습니다. 1세대 일본 유학파 출신의 서양화가였던 나혜석은 「인형의 집」이라는 시를 쓰며 '아버지의 딸인 인형', '남편의 아내 인형'처럼 살지 않겠노라 선언합니다.

모던 걸은 신여성의 범주에 들어가지만 초창기의 엘리트 신여성과는 달리 영화관, 카페, 백화점, 미용실, 일반 사무직이나 전문직에 종사했습니다. 이들은 나름의 경제력을 가지고 근대적 도시문화를 이끌어가고 소비했던 주체였습니다. 이러한 여성상의 변화와 함께 1930년대부터 서양화에는 새로운 여성상이 등장하기 시작합니다. 김인승의 〈화실〉에서 서양식 머리와 복장을 한 여성은 남성 화가가 그린 작품을 바라보는 대등한 주체로 묘사되었습니다. 이갑향의 〈격자무늬의 옷을 입은 여인〉은 도회적인 멋과 유행을 이끌어가는 모던 걸의 모습을 보여줍니다. 이유태의 〈인물일대-탐구〉는 남성의 영역이었던 과학 실험실에서 잠시 휴식을 취하는 젊은 여성 과학자를 통해 전문직 신여성의 진취적인 면모를 드러내며, 〈인물일대-화운〉은 피아노 앞에 앉아 사색하는 교양있는 신여성을 보여줍니다.

▎'향토색'이 그려지다 ▎

조선미술전람회는 한국에서 열린 최초의 관전이지만, 심사위원과 참여 작가의 반 이상이 재조선일본인이었습니다. 총독부는 일본의 관전인 문부성미술전람회(문전)를 모델로 삼았고, 문전은 프랑스 아카데미 살롱을 모델로 삼은 국가의 공식 전람회입니다. 따라서 조선

더 알아봅시다

조선미술전람회의 향토색 1920년대부터 조선 화단에서는 향토색이 독자적인 민족 정체성이나 문화를 반영하고 있는지에 대한 논의가 이어졌습니다. 향토색은 식민주의의 산물로도, 민족 고유의 정서와 색감을 표현하는 조선색의 발현으로도 여겨질 수 있는 복합적인 속성을 띠기 때문입니다. 1930년대 조선미전에서 가장 성공한 화가였던 이인성은 향토색 논의의 중심에 있었습니다. 특히 1934년 조선미전의 특선작인 〈가을 어느 날〉은 작가가 조선적인 색이라 여겼던 붉은 흙색과 푸른 하늘색, 이국적인 자연 풍광, 반라의 여성과 아이를 표현하고 있습니다. 폴 고

갱(Paul Gaugin)의 원시주의 작품을 연상시키는 이 그림은 문명의 저편, 오염되지 않은 상상의 풍경을 묘사합니다. 그런데, 이는 향토색으로 표현된 유토피아일까요? 식민지의 타자성을 유발하는 오리엔탈리즘적인 그림일까요?

◀ 이인성, 〈가을 어느 날〉 ©리움미술관

미전의 대외적인 목적도 선진국의 제도를 수용하여 조선의 문명화하는 것에 있었습니다. 그러나 겉으로 표방한 문명화와 달리, 조선미전 입선작의 대다수는 문명과 거리가 먼 작품들이었습니다. 특히 당선작 작가들은 구시대의 풍습과 목가적인 풍경, 역사적으로 뒤처지고 이국적인 식민지의 모습을 많이 그렸습니다. 가장 빈번하게 등장하는 주제물은 초가집, 한복을 입고 일하는 아낙네들, 갓 쓴 노인, 시골 아이들과 풍경이었습니다. 이런 작품군이 조선미전에서 상을 받으면서 '향토색' 또는 '로컬 칼라(Local Color)'로 불리어졌습니다.

전쟁과 냉전에 미술이 반응하다

1945년 2차 세계대전이 연합군의 승리로 끝나고 일본이 항복을 선언하면서, 한국도 해방의 기쁨을 맞이했습니다. 그러나 38선을 경계로 소련군이 북한을, 미군이 남한에 주둔하면서 공산주의와 자유민주주의라는 다른 이념의 정부를 수립하여 신탁통치를 시작합니다. 남북간 군사적 긴장이 고조되다가 1950년 6월 25일 한국전쟁이 발발합니다. 남한 정부는 국방부 산하 정훈국에 종군사진단을 두고 전쟁기록사진을 남기도록 했습니다. 당시 이경모, 성두경 등의 사진가들이 촬영한 폭격 이후의 도시 사진은 전쟁이 얼마나 참혹한 비극을 낳았는지 보여줍니다. 남한의 수도가 부산으로 이전하자, 작가들도 남쪽으로 피신하여 미군부대 주변에서 초상화를 그리거나 수출용 도자기의 도안을 그리면서 생계를 유지했습니다.

전쟁 도중에도 작가들의 창작 활동은 계속되었습니다. 월북 작가 이쾌대는 1940년대 후반 장대한 스케일의 군상을 그려서 서양 역사화의 전통으로 시대의 혼란을 표현하였습니다. 1949년 정부 주최의 《대한민국미술전람회》(이하 국전)도 시작되었습니다. 초기 국전은 일제강점기의 조선미전 체제와 운영을 그대로 수용하였습니다.

▶ 이쾌대, 〈군상 III〉

따라서 이념 갈등과 심사위원 불신, 미술인들의 주도권 싸움이 불
거졌습니다. 정치적 갈등과 경제적인 어려움 속에서도 박수근, 이중
섭, 장욱진 등의 작가들은 독자적인 스타일을 전개해 나갔습니다.
현실을 포착하되 사실주의풍이 아니라 추상화된 관점, 주관적 색감,
평면성, 회화의 본질에 천착하던 이들 작가를 '신사실파'라 부르기
도 합니다.

▼ 이중섭, 〈길 떠나는
가족〉

　　　　1953년 한반도에서 휴전이 선언되고 전 세계가 본격적인 냉전

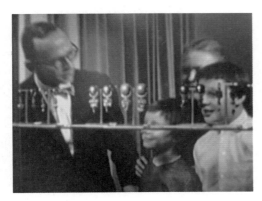

▲ 《한국국보전》을 관람하고 있는 외국인 관람객

체제에 돌입하자, 아시아의 고미술과 전통문화는 이념적 갈등은 완화시키는 외교사절의 역할을 담당합니다. 1950년대 중반부터 미국 주요 도시에서는 동아시아 고미술 전시가 개최되었습니다. 한국 문화의 정수를 국외에 소개하고, 유럽과 미국의 학계에 큰 반향을 일으켰습니다. 1957~58년 워싱턴, 뉴욕, 시애틀 등 8개 도시를 순회한 《한국국보전》에는 총 16만 7천여 명의 관객이 다녀갔다고 합니다.

감상해 봅시다

근대기의 회화, 공예품, 그리고 이와 관련한 자료는 다음의 장소에 펼쳐져 있어요. 소개된 곳에 방문하여 유물을 직접 감상해보고 자세히 살펴봅시다.

- **국립현대미술관 과천 미술아카이브** | 근현대시기 미술가의 스케치, 드로잉, 작가노트, 사진, 편지 등 미술자료
- **서울공예박물관** | 이왕직미술품제작소, 조선미술품제작소 제작 공예품, 조선미술전람회 출품 공예품 등

제14강

현대의 미술

이런 것들을 배워 봅시다

전쟁이 종결되고 한국 사회가 산업화, 국제화의 시대로 접어들면서 미술계 또한 교육과 전시 제도를 새로 구축하고, 동시대 세계미술의 흐름을 받아들이며, 한국미술의 독자성을 모색하는 노력을 하기 시작합니다. 이러한 과정에서 앵포르멜과 단색화, 동양화단의 추상 실험, 행위미술, 민중미술, 혼성매체적 실험과 미디어 아트, 그리고 포스트모더니즘적 경향의 미술들이 차례로 등장합니다.

• 한국전쟁 이후 작가들은 어떠한 주제의식을 가지고 다양한 장르와 매체를 실험하며 어떻게 미술의 흐름을 만들어 갔는지 알아봅니다.

찾아가 봅시다

- 국립현대미술관 삼청(서울시 종로구)
- 국립현대미술관 과천(경기도 과천시)
- 국립현대미술관 청주
  (충청북도 청주시)
- 서울시립미술관 서소문
  (서울시 중구)
- 아르코미술관(서울시 종로구)
- 백남준아트센터
  (경기도 용인시)
- 경기도미술관
  (경기도 안산시)

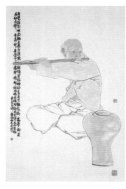

▲ 장우성, 〈회고〉
(1949년 원본은 소실되어 이와 가장 유사한 작품인 1981년 〈회고〉로 대체)
ⓒ이천시립월전미술관

▼ 박노수, 〈선소운〉

▌1950년대 현대적 동양화가 모색되다 ▌

해방 이후 동양 화단에서는 일제강점기 미술의 청산과 새로운 시대의 민족 정체성에 부합하는 전통 회화가 무엇인지 심각하게 고민합니다. 1940년대부터 문인화와 서예에 심취했던 서양화가 김용준은 장우성, 노수현과 함께 전통미술을 현대적 동양화로 재정비하려고 노력했던 대표적인 인물입니다. 그는 수묵의 서예적 필묵을 살리고 짙은 색채나 호분 등 일본적 색채감을 배제하면서 문인화의 정신성을 되살려 민족성을 추구해야 한다고 주장합니다. 그에 따르면 국전 동양화부에 출품된 장우성의 〈회고〉는 일본색을 과감하게 배제하고 서양화법을 적절히 운용하면서도 고유의 문인화 정신을 살린 작품입니다.

장우성은 표현적인 선묘를 강조하고 사의적 양식과 간결한 수묵담채로 현대적인 동양화를 추구했던 작가입니다. 장우성의 제자 박노수는 〈선소운〉으로 4회 국전에서 대통령상을 수상합니다. 이 작품은 세로 187cm, 가로 158cm의 대화면 화선지에 수묵 담채로 그려진 인물화입니다. 작가는 한복을 입은 여인의 측면좌상을 의습선만 남기고 검은색 짙은 안료로 채색하여 전통 재료로 도시적, 현대적인 감성을 표현하였습니다.

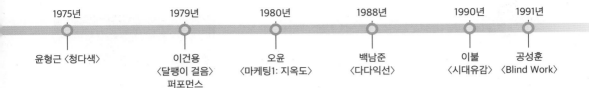

1975년	1979년	1980년	1988년	1990년	1991년
윤형근 〈청다색〉	이건용 〈달팽이 걸음〉 퍼포먼스	오윤 〈마케팅1: 지옥도〉	백남준 〈다다익선〉	이불 〈시대유감〉	공성훈 〈Blind Work〉

▲ 이응노, 〈생맥〉
ⒸUngno Lee/ADAGP.paris-SACK, Seoul, 2021
Ⓒ한국미술저작권관리협회

당시 동양화단에서는 서구 추상미술*과 전통 문인화를 연결시켜 바라보는 시각이 등장했습니다. 동양회화의 전통은 원래부터 추상성을 본질로 했고, 서양미술이 여기서 영향을 받아 새로운 추상 형식을 발굴했다는 것입니다. 이응노의 작업은 이러한 배경 아래서 이루어졌습니다. 그는 창의적인 동양화가 세계적인 회화가 될 수 있다고 믿으며 선과 형태의 추상화, 먹이라는 물질의 효과, 농담과 스며듦의 변주를 모색하였습니다. 그가 1950년대 제작한 〈생맥〉은 한지에 수묵담채로 그려졌지만 미국의 추상표현주의**를 연상시킬 만큼 동양화의 정신적, 물질적인 요소들을 자유롭게 실험합니다.

추상미술(抽象美術)이란?*

비구상미술(非具象美術), 비대상미술(非對象美術)이라고도 하며, 눈에 보이는 현실의 사물을 사실묘사의 대상으로 삼지 않는 미술을 말합니다. 실재하는 대상의 외형을 구성하지 않고, 선·면·색·질감 등의 요소로 작품을 구성하고 표현합니다. 눈에 보이는 현실이나 사물을 형상으로 나타내기보다 선과 색, 형태라는 순수한 미술적인 형식을 통해 압축, 변형, 추상화하여 보여주는 경향을 뜻합니다.

추상표현주의(抽象表現主義)란?**

제2차 세계대전 이후 미국을 중심으로 일어난 추상미술의 한 양식입니다. 외부 세계나 대상이 아니라 개인의 실존이나 내면을 추상화의 대상으로 삼습니다.

1960년대 앵포르멜과 추상미술이 등장하다

1948년 대한민국 정부가 수립되고, 휴전 상황을 맞이하였지만 이승만 정권의 권위주의와 부정부패로 한국사회는 혼란하였습니다. 1960년 대통령 선거에서의 부정이 드러나자 시민과 대학생들이 거선과 색, 질감, 형태와 같은 미술의 형식이 곧 미술의 내용을 이루므로, 개별 작가들은 자기만의 고유한 형식을 창안하고 실험했습니다. 대표적인 예로 캔버스를 바닥에 놓고 물감을 뿌려 그림을 완성했던 잭슨 폴록의 드립 페인팅이 있습니다.

현대미술가협회?●

현대미협이라고도 약칭합니다. 박서보를 비롯한 현대미협작가들은 1959년 제5회 전시에서 선언문을 발표하여 반(反)국전을 표방하는 전위미술을 수행할 것을 알립니다. 60년 미술가협회는 1960년 국전이 열리는 10월에 자신들의 앵포르멜 작품을 덕수궁 돌담에 세워놓고 국전에 대한 저항을 표출하기도 했습니다.

입체주의적 경향?●●

단일 시점보다는 다수의 시점을, 색채와 빛보다는 입체적이고 기하학적인 구성과 입체들의 대조, 배열을 중시합니다.

리로 나섰고, 정부는 급기야 계엄령을 선포했습니다. 1961년 박정희가 5.16 군사정변으로 대통령이 되면서 18년간의 군부정치가 시작됩니다. '비정형'을 뜻하는 앵포르멜(Informel) 미술은 이같이 혼란스러운 정치 상황을 배경으로, 기존 화단의 권위와 매너리즘에 빠진 구상주의 미술을 비판하고, 젊은 세대 작가의 저항적이며 자유로운 표현을 갈구하는 추상미술의 형태로 등장합니다.

▲ 박서보, 〈회화(繪畫) No.1-57〉, 1957, 캔버스에 유채, 95x82cm, ⓒ개인소장

앵포르멜 미술의 주축을 이끈 것은 1957년 결성된 현대미술가협회●입니다. 앵포르멜 초기에는 입체주의적 경향●●의 추상이 주를 이루었지만 1950년대 말 미국의 추상표현주의의 영향을 받으면서 작가들은 점차 마티에르 실험, 우연적 요소의 도입, 전면추상, 수묵추상의 방식을 시도했습니다. 이를 통해 작가는 개인의 실존과 직관을 강렬히 표현하려 했습니다. 앵포르멜 초기의 대표작가로 알려진 박서보는 〈회화 No.1〉을 통해 전쟁 이후 정치적 불안과 미래가 보이지 않는 암담함을 굵고 과감한 붓질로 나타내고자 했다고 말합니다.

한편 현대미협이나 '60년 미협에 속하지 않고 꾸준히 자신의 작품세계에 추상을 수용했던 중견 작가들도 있었습니다. 이응노의 문자 추상, 동양화 작가 박래현의 번짐 효과와 직물 및 판화를 이용한 추상, 그리고 일제강점기부터 꾸준히 한국의 산과 풍경을 추상화한 작업을 진행했던 유영국의 독자적인 실험들은 1960년대의

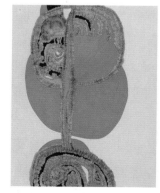

▲ 박래현, 〈작품〉

▲ 이응노, 〈구성〉
ⓒ한국미술저작권관리협회

이응노와 문자추상 이응노는 1922년 김규진에게 전통 회화인 묵화를 배웠습니다. 1924년에는 제3회 조선미술전람회에 입선한 후, 1944년까지 묵죽을 비롯하여 묵매, 묵란 등 사군자 그림으로 조선미전에 여러 차례 수상하였습니다. 1958년에 프랑스로 건너가 엥포르멜을 접하고 이를 접목시킨 추상적인 묵화를 제작했습니다. 1960년대부터는 문자추상을 그리기 시작했습니다. 한자, 한글, 아랍어뿐만 아니라 고대언어, 원시 문자 등 다양한 문자의 형태를 가지고 작품을 그려내었습니다. 〈구성〉은 천에 채색한 작품으로 문자와 인간의 형상이 서로 기호화되어 얽혀 있는데, 언어에 대한 작가의 실험정신이 반영되어 있습니다.

한국미술이 단순히 앵포르멜로 축소될 수 없는 다양성을 확보하고 있음을 보여줍니다.

해방 이후의 공예와 디자인

해방 이후의 공예는 큰 변화를 겪었습니다. 조선미술협회 공예부(1945), 조선공예가협회(1946), 조선미술상업미술가협회(1946), 조선산업미술가협회(1946), 생활미술연구회(1949) 등이 창설되어 활동을 하였을 뿐만 아니라, 1950년을 전후한 시기 각 대학에 공예를 전공하는 학과가 신설되어 효율적인 공예교육을 시도하였습니다. 특히 1949년에 대한민국미술전람회°의 제4부에 공예부가 설치되었고, 1967년에는 대한민국상공업미술대전 공예부가 생겨 현대의 공예는 이 두 개의 공모전을 중심으로 발전하였습니다. 1970년대 전반기부터 대한민국미술전람회를 중심으로 작가들이 활약합니다. 이어 1980년대부터는 대한민국미술전람회가 대한민국미술대전(1982)이

대한민국미술전람회(大韓民國美術展覽會)란?°

정부수립 후 1949년 9월 22일 문교부 고시 제1호에 의해 창설된 미술전람회입니다. 미술의 발전, 향상을 도모하기 위해 문교부 내에 미술분과위원회를 두고 국전 규약을 만들었습니다. 1949년 11월 21일부터 12월 11일까지 경복미술관에서 제1회 대한민국전람회가 개최되었습니다. 1981년까지 총 30회 이어온 한국의 관전(官展)입니다.

대한민국미술전람회(大韓民國美術展覽會) 공예부의 시기 구분 순수공예활동이 중심인 국전의 작품경향은 3기로 구분할 수 있습니다. 즉 제1기는 1949년부터 1961년까지입니다. 이 시기는 전승공예를 되풀이하던 시기로 구분됩니다. 제2기는 1961년부터 1971년까지로 공업과 기계의 영향을 받았던 시기입니다. 제3기는 197부터 1981년, 제30회 국전까지입니다. 이 시기부터 공예 창작에 있어 현대적인 조형감각이 정착되기 시작한 시기라 할 수 있습니다.

라는 명칭으로 젊고 새로운 작가들의 등용문이 되었습니다.

현대 한국의 공예는 두 분류로 나뉘는데 그 중 현대미술로서의 공예는 대학을 위주로 한 서구식 교육을 통해 교육되고 전개되었습니다. 이에 반해 한국의 전통 공예는 숙련된 장인을 통해 전승되어지며, 무형문화유산 등의 제도가 전통 공예의 계승을 뒷받침하고 있습니다.

▌1970년대 한국적 모더니즘이 실험되다 ▌

1970년대 급속한 경제개발로 인한 도시환경의 변모 속에서, 파리 비엔날레 등의 참여로 서구미술을 직접 경험한 한국의 젊은 작가들은 동시대 미술의 흐름 속에서 자신의 창작 행위의 당위성을 찾고자 했습니다. 이들의 실험적인 미술은 1967년《청년작가연립전》에서의 〈비닐우산과 촛불이 있는 해프닝〉, 1968년 음악다방 세시봉에서의 〈투명풍선과 누드〉 등 퍼포먼스의 형태로 진행되었습니다.

▼ '무'동인과 '신전'동인, 〈비닐우산과 촛불이 있는 해프닝〉 퍼포먼스

이듬해에는 김구림, 이승조, 이승택 등이 아방가르드협회(AG 협회)을 결성하여 국전 사실주의와 한국화단의 전통과 기성에 대한 도전을 목표로 탈회화, 설치, 혼합매체를 선보이며 전위미술을 지향했습니다. 1971년에는 S.T(Space and Time)가 결성되어

미술의 조건으로 인지되었던 좌대와 평면을 탈피하고 해프닝, 퍼포
먼스, 오브제 설치 등의 실험미술을 선보였습니다. S.T를 이끌었던
이건용은 1975년 '논리적 이벤트'를 표방하며 스스로의 신체를 매
체로 삼은 퍼포먼스 〈달팽이 걸음〉, 〈신체 드로잉〉을 진행했습니다.

한편 1975년은 일본의 도쿄화랑에서 《한국 5인의 작가: 다섯
개의 흰색》이라는 전시가 개최된 해였습니다. 평론가 나카하라 유
스케의 기획으로 이동엽, 서승원, 박서보, 허황, 권영우의 회화가 소
개된 이 전시는 일본 미술계에서 호평을 얻었습니다. 제목에서도
알 수 있듯이 작가들의 작업은 단색의 미니멀리즘적인 경향을 띤

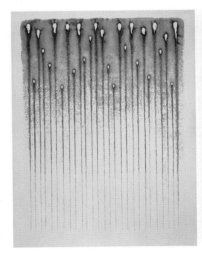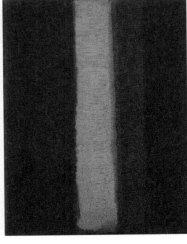

〈묘법〉 연작 박서보의 〈묘법〉 연작은 1970년대 초부터 이어져 왔습니다. 연작은 1982년을 기점으로 전기와 후기로 나뉩니다. 그 차이는 재료와 작가의 의도로부터 나뉩니다. 전기의 작품 재료로 캔버스를 바탕에 유채안료, 연필이 주로 사용되었고, 후기의 작품 재료는 한지와 수성안료가 사용되었습니다. 캔버스와 한지는 질감에 있어서 큰 차이를 보입니다. 캔버스는 탄력성을 지니고 그 위에 안료가 차근차근 올라가는 반면 한지는 매우 민감한 흡수력을 가지고 있을 뿐 아니라 지속적인 붓질에는 그 표면이 밀리게 됩니다. 박서보는 이와 같은 한지의 특성을 이용하여 선을 긋는 행위와 물질의 일체화를 추구했습니다.

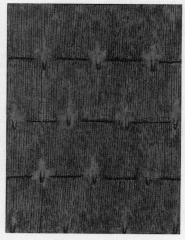

▲ 박서보 〈묘법(描法) No.12〉, 1994, 핸드메이드 종이에 믹소그라피아 기법, 79x59.8cm ⓒ국립현대미술관소장

단색화란?

1970년대에 한국 화단에서 등장한 단색조의 회화 경향을 뜻합니다. 단색화 작가들은 캔버스 위에서 선과 색으로 대상을 재현하는 고전적인 회화에 안주하지 않고, 천과 종이를 포함한 지지체의 물질성, 안료와 표면과의 관계, 비회화적인 물질의 실험 등을 적극적으로 진행했습니다. 또한 회화의 물질성을 탐색하기 위해 손과 신체의 개입을 강조하고 반복적인 프로세스를 도입했

추상 회화로, '단색화'로 불려지기도 했습니다. 엥포르멜의 대표 작가였던 박서보는 1970년대 초반부터 캔버스에 백색 안료를 칠한 위에 연필로 획을 긋는 과정을 반복한 〈묘법〉 연작을 선보이며 단색화로의 전향을 알립니다. 또한 이들은 한국적 재료나 기법, 수행과 반복, 미니멀리즘 회화를 결합하여 한국의 모더니즘을 보여주었다고 평가받습니다. 예를 들어 권영우는 한지에 구멍을 내고 푸른 선을 긋는 행위를 반복했고, 윤형근은 캔버스를 물들이듯이 큰 획을 긋는 회화를 선보였습니다. 당시 미술평론가 이일은 이들의 작업이 물질성과 평면성의 추구, 탈주관적이며 반복적인 신체 수행을 통해 현대 회화의 방법론을 모색했다고 평가합니다.

1980년대 민중과 여성이 중시되다

1979년 한국을 오랫동안 지배했던 박정희 대통령이 피격됩니다. 1년 후 전두환과 노태우 등의 신군부 세력이 쿠데타로 권력을 장악하자 민주화를 열망하던 시민 세력이 언론의 자유, 비상계엄 철폐, 정권 퇴진을 외치며 전국에서 거리시위를 진행합니다. 그러나 1980년 5월 광주에서의 계엄령 선포, 1987년 박종철의 고문과 이한열의 죽음 등 군부의 무력행사에 맞서 시민과 학생, 농민, 노동자들이 연합하여 '6월 민주 항쟁'을 쟁취합니다. 이러한 민주화를 향한 열망과 투쟁 속에서 민중미술이 태동했습니다.

민중미술은 사회운동의 성격을 강하게 떱니다. 참여자들은 부르주아 지배계급에 반대하여 민중 공동체에 적합한 표현 형식을 찾는 것, 민족문화와 전통을 무기로 저항의 언어를 개발하는 것에 초점을 맞추었습니다. 1979년 창립한 동인 '현실과 발언'을 출발점으로 두렁, 일과 놀이 등 민중미술 공동체가 형성되면서 걸개그림, 벽화, 손깃발, 판화 등 다양한 매체의 공동 작업들이 전개됩니다.

민중미술운동을 주도한 작가들의 대다수는 남성이었습니다. 많은 수의 민중미술계열 작품에서 남성은 역사를 변혁할 영웅적인 주체로 묘사되었던 한편, 여성은 고향, 대지, 모성과 같은 수동적인 이미지를 탈피할 수 없었습니다. 이러한 여성 재현을 문제 삼는 작가들이 등장하여 1980년대의 여성주의 미술을 이끌어 갔습니다. 김인순, 윤석남, 김진숙은 1985년 첫 여성 그룹인 '시월 모임'을 결성하고, 1년 뒤 여성미술연구회를 만들어 여성노동자들의 현실과

◀ 최병수,
〈한열이를 살려내라〉

...습니다. 작가마다 다른 방법과 접근법을 시도했기에 작품의 스타일에서 차이가 나지만, 같은 시기에 순수한 미술의 언어와 회화의 물적 조건을 탐구했다는 점에서 '단색화' 경향 안에서 파악할 수 있습니다.

민중미술과 불화(佛畵)의 결합 민중미술에서는 토착 전통을 현실 비판의 방법으로 파악하여, 불화, 풍속화, 무속화, 민화 등 민중과 농민이 향유한 옛 그림에서 아이디어를 빌려옵니다. 예를 들어 오윤의 〈연작, 마케팅 지옥도〉는 불교에서 인간의 업보에 따라 사후 세계를 정하는 재판을 그린 시왕도의 형식으로 향락적인 상품문화와 미국문화에 젖어 있는 이들이 지옥에서 벌 받는 장면을 풍자합니다.

▲ 오윤, 〈마케팅 I: 지옥도〉
ⓒ유족 동의

성차별 문제를 주제로 작품을 제작했습니다. 김인순의 1988년 회화 〈그린 힐 화제에서 스물 두 명의 딸들이 죽다〉는 그린 힐이라는 봉제공장에서 발생한 화재로 22명의 여성 노동자가 사망했던 실제의 사건을 묘사하고 있습니다.

▌올림픽이 열리고 국제미술의 궤도에 진입하다 ▌

1986년 아시안게임과 1988년 올림픽이 서울에서 개최되면서 한국 미술은 국제 미술, 동시대 미술의 무대에 본격적으로 등장합니다. 국제 행사를 유치하기 위해 국립현대미술관을 과천에 개관하였고, 서울 송파구에 올림픽조각공원을 조성하였습니다. 신설된 국립현대미술관 과천관에는 1,003개의 텔레비전 모니터를 불탑처럼 쌓은 백남준의 설치 작업 〈다다익선(多多益善)〉이 세워졌습니다.

한편 1989년 베를린 장벽의 붕괴, 1991년 소비에트 연방의 해체로 냉전의 시대가 저물고 새로운 국제 관계가 형성되기 시작합니다. 한국도 올림픽을 계기로 해외여행이 전면 자유화되었으며, 1990년대 한국 기업의 세계화 진출 성공, 1980년대부터 계속된 경제 호황 등으로 중산층이 확대됩니다. 이들은 새로운 종류의 소비

비디오아티스트, 백남준 백남준은 1932년 서울에서 태어나 한국전쟁 직후 일본으로 이주했습니다. 도쿄대학에서 미술사 및 미학을 전공하면서 작곡과 음악을 연구하기도 했습니다. 1956년 독일로 유학하여 현대 음악을 배웠고, 1960년대 플럭서스(Fluxus) 미술의 주요 작가들인 존 케이지, 요셉 보이스와 교류합니다. 이들과 의기투합한 백남준은 플럭서스 아트 페스티벌에서 토마토즙을 담근 그릇에 머리를 적셔서 붓처럼 획을 긋는 〈머리를 위한 선(禪)〉(1961)이라는 퍼포먼스를 선보입니다. 1964년에는 미국으로 이주하여 텔레비전, 로봇, 비디오카메라 등의 동시대 테크놀로지를 이용하여 〈TV 부처〉를 비롯한 수많은 획기적인 작품을 발표합니다.

1960년대에 이미 세계적인 작가로 인식되었지만, 한국에서 백남준은 1984년 인공위성을 통해 전세계에 동시 전송했던 〈굿모닝, 미스터 오웰〉을 통해 알려지기 시작합니다. 또한 서울 올림픽에서 〈손에 손 잡고〉라는 10개 국을 연결하는 비디오 작업을 발표합니다. 백남준은 이렇게 한국미술과 세계 미술의 연결점을 만들어 한국미술을 국제화하는 과정에 큰 역할을 한 작가입니다. 특히 그는 1995년 제1회 광주비엔날레의 유치, 같은 해 베니스 비엔날레에 한국관 설치에서 교두보를 마련했습니다.

생활과 여가, 문화에 대한 관심을 키워나갑니다. 미술계에서도 이전 시대 민중미술을 되돌아보면서 동시에 영미권 문화이론을 적극적으로 수용하며 포스트모더니즘 논의가 시작됩니다. 공동체 미술보다는 개인의 활동이 보다 역동적이며 다양한 양상으로 펼쳐지기도 합니다. 혼성매체적, 탈회화, 탈조각적 실험, 미디어 아트, 테크놀러지 아트, 퍼포먼스 아트의 실험 또한 뚜렷해집니다. 예를 들어 1990년대 초반 미술과 컴퓨터공학을 동시에 전공했던 공성훈은 캔

▲ 공성훈, 〈blind work〉
ⓒ유족 동의

버스와 이젤 대신 청계천에서 구매한 블라인드에 은박테이프와 형광페인트를 칠하고 모터로 천천히 움직이는 설치 미술을 선보였습니다. 이렇게 1990년대의 미술은 모더니즘이나 민중미술의 틀로 설명할 수 없는 다양한 양상으로 전개되어 갔습니다.

▌새 밀레니엄, 역동의 미술이 진행되다 ▌

1990년 작가 이불은 김포 공항과 나리타 공항 근처를 배회하는 퍼포먼스를 진행합니다. 작가는 마치 잘려나간 붉은 살덩이를 연상시키는 촉수 달린 기괴한 의상을 입고 12일간 두 도시의 거리를 횡단합니다. 일본에서는 경찰이 출동하기도 했습니다. 〈수난유감: 내가 이 세상에 소풍 나온 강아지 새끼인 줄 아느냐?〉 라는 제목의 이 퍼포먼스는 그저 한 작가의 유별난 작업으로 축소될 수 없는 의미를 갖습니다.

　무슨 의미였을까요? 이불은 1989년 전라로 직접 천정에 거꾸로 매달려 있는 〈낙태〉 퍼포먼스를 진행하면서 낙태금지법, 여성들의 몸에 대한 사회적 통제에 저항했습니다. 세계화, 국제화가 급속히 진행되었지만 한국 사회에서 여성의 몸은 여전히 임신과 출산을 위한 도구로 인지되었습니다. 이불은 촉수가 달린 핏빛 덩어리처럼 보여지는 부드러운 조각 옷으로 거리에 나가, 내 몸이 무엇이 되었든 간에 그 주인은 나라는 여성의 주체 의식을 당당하게 표현합니다.

　1990년대에서 2000년대의 미술은 하나로 정의될 수 없이 다양하고 역동적인 면모로 현재까지 진행 중입니다. 이전 시대와 달리 작가의 사회적 입장과 미학적 관점이 다원적으로 표출되고 있습니다. 수많은 입장과 관점 중에서도 1990년대의 이불을 언급한 것은, 그것이 2010년대부터 재부상했던 여성주의 미술과 결을 같이 할 수

▼ 이불, 〈수난유감: 내가
이 세상에 소풍 나온
강아지 새끼인 줄
아느냐?〉
ⓒ이불 스튜디오

있기 때문입니다. 1990년 이불의 퍼포먼스가 저항했던 낙태금지법은 그로부터 30년 뒤인 2020년 12월이 되어서야 폐지되었습니다. 그럼에도 불구하고 우리의 신체와 젠더 정체성을 규정, 억압하는 사회적 시선은 여전히 존재합니다.

현재를 살아가는 한국의 젊은 미술가들은 이제 어떤 새로운 미술의 언어로 자신의 신체와 주체성을 당당하게 드러낼 수 있을까요?

감상해 봅시다

국립현대미술관은 온라인미술관을 통해 VR, 소장품, 작품과 작가, 전시 등의 주제로 다채로운 영상을 제공합니다. 온라인미술관에 방문하여 다양한 현대 미술 작품을 감상하고 관련 자료를 살펴봅시다.

• 국립현대미술관 온라인미술관
https://www.mmca.go.kr/pr/movList.do?mbMovCd=01

제15강

현장
체험학습

이런 것들을 배워 봅시다

박물관과 미술관은 역사·예술·민속 등의 고고자료와 미술품을 수집하고 보존하며, 그와 관련한 다양한 분야의 학술자료를 바탕으로 연구를 합니다. 뿐만 아니라 전시를 통해 대중에게 공개하여 문화적 가치를 널리 알립니다. 한국의 대표적 박물관으로는 국립중앙박물관과 이를 중심으로하는 각 지방에 13개의 소속 국립박물관, 국립고궁박물관, 국립민속박물관 등이 있습니다. 대표적 미술관으로는 국립현대미술관, 서울시립미술관, 아르코미술관 등이 있습니다.

• 박물관과 미술관의 역사를 살피고, 각각의 공간에는 어떠한 자료들이 소장되어 있는지 알아봅시다.
• 박물관과 미술관을 방문하여 한국미술과 관련한 유물, 작품을 직접 감상하고, 한국미술에 대한 이해도를 높이도록 합니다.

1909년
제실박물관 개관

1911년
제실박물관
이왕가박물관으로 개칭

제실박물관(帝室博物館)이란?

근대 최초로 설립된 박물관입니다. 대한제국 황실이 제실박물관을 1909년 11월 창경궁에 개관하였고, 이듬해 일반인들의 관람을 허용하였습니다. 그러나 일제의 식민통치 하에서 제실박물관은 1911년 이왕가박물관으로, 1938년에는 이왕가미술관으로 개편되었습니다.

▼ 국립중앙박물관 전경
ⓒ국립중앙박물관

▌ 국립중앙박물관을 찾아가다 ▌

국립중앙박물관은 1945년 12월 개관하였습니다. 박물관의 역사는 1909년 11월 문을 연 창경궁의 제실박물관*으로부터 시작됩니다. 경복궁, 남산, 덕수궁 등지를 거쳐 2005년 10월 현재의 위치인 용산구에 자리 잡았습니다. 300,000m²의 넓은 규모와 6개 영역의 상설전시관, 특별전시실, 다양한 석조(石造) 미술품이 전시된 야외정원 등으로 이루어져 있습니다. 선사시대부터 대한제국까지 시간의 흐름에 따라 한반도의 역사와 문화를 살필 수 있는 선사·고대관과 중·근세관, 한국의 전통 작품을 보여주는 서화관과 조각·공예관, 그리고 이집트·중국·일본·중앙아시아·인도·동남아시아 등 세계 각 지역의 다양한 문화가 전시된 세계문화관이 있으며, 12,000여 점의 유물을 전시하고 있습니다.

선사·고대관에는 빗살무늬토기, 간토기, 한국식 동검(銅劍), 잔

무늬거울(多鈕細文鏡), 팔주령, 고구려·백제·신라·가야의 도기와 금속공예품 등이 전시되어 있고, 울산광역시 울주군에 위치한 반구대 암각화, 고구려의 강서대묘가 재현되어 있습니다. 중·근세관에는 고려의 왕실 문화를 엿볼 수 있는 고려왕궁터 만월대 출토유물, 고려청자, 금속활자, 고려대장경 인쇄본, 청동추, 자(尺) 등의 각종 공예품, 한글금속활자 등이 전시되어 있고, 반가사유상을 비롯한 불상, 괘불(掛佛), 비색청자, 백자, 분청사기 외 금속공예 등을 두루 볼 수 있으며, 디지털실감에서는 책가도, 금강산도, 요지연도 등을 감상할 수 있습니다.

신라의 문화와 역사를 중심 테마로 하여 건립된 지방의 국립박물관으로 국립경주박물관, 국립대구박물관 등이 있습니다. 국립경주박물관은 신라의 수도였던 경주에 위치해 있습니다. 천마총, 황남대총 등 신라 고분에서 출토된 문화재와 고대 불교문화를 살펴볼 수 있습니다. 기원전 57년에서 기원후 935년의 신라사를 보여

▼ 국립중앙박물관 전경
ⓒ국립중앙박물관

백제를 담은 박물관 백제의 문화와 역사를 중심 테마로 하여 건립된 지방의 국립박물관으로 국립공주박물관, 국립부여박물관, 국립익산박물관 등이 있습니다. 국립공주박물관은 백제 웅진 시기(475년-538년)의 왕도에 위치해 있습니다. 한성백제 후기부터 사비백제 초기의 문화를 살펴 볼 수 있습니다. 특히 무령왕릉 출토의 은제연꽃무늬잔, 나무베개, 발받침, 진묘수 등의 유물들을 만날 수 있습니다. 국립부여박물관은 백제 사비 시기(538년-660년)의 왕도 부여에 위치해 있습니다. 부여 능산리 절터에서 발굴된 백제금동대향로를 비롯하여 백제의 왕경문화를 보여주는 수부(首府)명기와, 한국 현존 최고(最古)의 사리장치 창왕명석조사리감 등이 전시되고 있습니다. 국립익산박물관은 백제의 미륵사지(彌勒寺址) 남서쪽에 자리하고 있습니다. 세계문화유산인 미륵사지는 해발고도 430m의 미륵산 아래에 넓게 펼쳐진 평지에 자리했던 동아시아 최대 규모의 절터입니다. 미륵사지에서는 19,000여점의 문화재가 발굴되었고, 미륵사지 석탑에서는 사리장엄구 등 중요 불교유물도 출토되었습니다. 미륵사지 출토 유물뿐 아니라, 사비백제의 왕궁리 유적의 출토 유물 등도 전시되어 있습니다.

주는 신라역사관, 신라미술관, 동궁과 월지(안압지)에서 발견된 유물이 전시된 월지관 등이 있습니다. 국립대구박물관은 대구·경북지역의 문화유산을 위하여 1994년에 개관하였으며, 대구·경북지역의 선사고대유물부터 신라와 가야, 통일신라의 유적과 유물을 소장하고 있습니다. 가야 문화의 우수성을 알리고자 국립김해박물관이 1998년 개관하였습니다. 가야의 시조 김수로왕의 탄생 설화가 깃든 구지봉 기슭에 위치하는 이 박물관은, 철광석과 숲을 이미지화한 검은 벽돌 건물로 철의 왕국 가야를 상징하며 가야의 역사와 삶을 전시합니다. 만약 백제의 미술에 관심이 있다면, 무령왕릉을 보여주는 국립공주박물관, 금동대향로가 소장된 국립부여박물관, 그리고 거대한 미륵사를 만나볼 수 있는 국립익산박물관을 찾아가 보세요. 이외에도 가야 문화와 함께 백제, 신라 각국의 교차된 문화를 보여주는 박물관으로는 국립전주박물관, 국립청주박물관 등이 있습니다.

고려의 문화와 역사를 만나 볼 수 있는 지방의 국립박물관으로는 강원도 춘천시에 위치한 국립춘천박물관과 광주광역시에 위치한 국립광주박물관이 있습니다. 지금의 강원도 지역은 후삼국기 궁예(弓裔)와 양길(梁吉) 등 호족들의 활동지였고, 왕건(王建)이 고려를 창건한 기반 지역입니다. 국립춘천박물관은 고려시대 귀족 문화를 전시하며, 이와 더불어 조선시대 선비들의 유람 문화와 관련된 유물을 전시하고 있습니다. 강원도의 금강산·관동팔경 등은 조선시대 선비들의 유람지였기 때문입니다. 국립광주박물관은 고려시대 최고급 청자의 생산지 강진과 관련한 유물과 신안해저문화재 등을 전시하고 있습니다.

특정한 테마로 전시하는 곳으로는 국립전주박물관과 국립진주박물관이 있습니다. 국립전주박물관은 전라도 지역의 선비문화와 조선왕실의 본향을 중심으로 조선시대 문화와 역사를 소개합니다. 국립진주박물관은 임진왜란 진주대첩의 현장인 진주성에 위치하며, 임진왜란의 전개 과정과 의미를 테마로 전시하고 있습니다.

▌국립고궁박물관을 찾아가다 ▌

국립고궁박물관은 서울 경복궁 옆에 자리한 박물관으로 조선왕실에서 전래한 궁중 유물을 연구·조사·수집하고 조선왕실의 권위와 소망을 전시하는 박물관입니다. 왕의 어보(御寶)와 왕실의 의궤(儀軌)를 비롯하여 회화, 공예, 복식, 어가(御駕) 및 의장(儀裝), 무기에서 대한제국 시기 왕실 유물 약 40,000여 점 가량이 소장되어 있습니다. 인장은 의례용 어보, 행정 목적의 국새(國璽), 개인적 인장(印章)까지 다양합니다. 의례용 어보는 주인공 사후 종묘에 모셔 왕조의 영속성을 의미하는 상징물로 활용되었습니다. 국새는 통치에 사용한 실무용 인장이며, 개인용 인장은 왕실 내·외부 간에 오가는 문서에 사용된 것입니다. 의궤는 왕실에서 행한 오례(五禮)나 궁궐의 수리 등 왕실 행사를 기록한 책입니다. 소장된 공예품들은 격조

▲ 국립고궁박물관
　전시실 내부
　ⓒ국립고궁박물관

높은 왕실의 생활과 문화를 보여줍니다. 왕실행사나 제사 등에 사용했던 각종 제기, 도자기, 궁중악기, 왕실 가족들이 사용했던 가구, 문방구, 왕실가족의 태를 담았던 태항아리 등은 당대 최고 기술의 장인들이 최상의 재료로 제작한 작품으로, 왕실의 권위와 위엄, 그

더 알아봅시다

국립민속박물관 경복궁 내에 위치한 생활문화박물관입니다. 세시풍속, 마을신앙, 지역축제 등 현재까지 이어져 오는 전통적 생활문화를 조사 연구하고, 한국인의 하루, 한국인의 일 년, 한국인의 일생 등 3개의 상설전시실과 야외전시장을 운영하고 있습니다. 소장품으로는 새해를 맞이해 집마다 걸어둔 복조리, 아이가 태어나면 대문에 쳐두었던 금줄, 명승지를 적고 주사위

▲ 국립민속박물관 ⓒ국립민속박물관

를 던져 유람하는 지도놀이판 승람도(勝覽圖), 다양한 문방사우(文房四友), 문관(文官)과 무관(武官)의 관복 등의 유물 외에도 십이지신상(十二支神像), 문·무인석, 제주도 돌하르방, 조선 후기 전통 한옥, 효자각(孝子閣) 등이 있습니다.

리고 미감을 보여줍니다.

국립현대미술관을 찾아가다

국립현대미술관은 현대 미술 작품을 수집, 보존, 연구하며 이와 관련한 다양한 전시를 개최하고 있습니다. 국립현대미술관은 1969년 경복궁에 처음 개관한 후, 1973년 덕수궁 석조전 동관으로 이전하였습니다. 1986년에는 현재의 과천관을 새로이 완공하여 그곳으로 이관하였습니다. 1998년 덕수궁 석조전 서관에 국립현대미술관 분관 덕수궁미술관이 개관하였고, 덕수궁미술관은 개관이래 근대미술관으로서 특화된 역할을 수행하여왔습니다. 2013년 11월 과거 국군기무사령부*가 있었던 지금의 위치에 전시실, 프로젝트갤러리, 영화관, 다목적홀 등 복합적인 시설을 갖춘 국립현대미술관 서울관을 건립 · 개관하였습니다. 2018년에는 충청북도 청주시 옛 연초제조창**을 재건축한 국립현대미술관 청주관이 개관되어 중부권 미술문화의 명소로 자리를 굳히고 있습니다.

서울관, 덕수궁관, 과천관, 청주관의 4관 체계로 운영되고 있습니다. 서울관은 한국 현대미술의 종합관으로, 덕수궁관은 한국 근대미술의 전문관으로, 과천관은 미술사 연구의 지평 확장과 어린이와 가족을 위한 운영을 중심으로, 청주관은 작품의 수장과 보존의 과정까지 선보이는 국내 최초 수장형 미술관으로 자리 잡았습니다. 서울관의 디지털아카이브에서는 한국 근현대 주요 미술작가들의 자료를 모은 한국 현대미술가 파일을 비롯한 비디오 아티스트의 영상아카이브 등을, 과천관의 미술아카이브에서는 한국 근현대 주요 미술작가들의 스케치, 드로잉, 작가노트, 사진, 편지, 브로슈어 등을 열람할 수 있습니다. 작품수장과 보존을 특화한 청주관의 라키비움에서는 개방형 수장고, 전시, 교육 등의 활동과 관련하여 생산된 자

국군기무사령부(國軍機務司令部)란?*

군사수사정보기관입니다. 국군기무사령부의 건물은 1928년 개원한 경성의학전문학교 부속의원의 외래진찰소 건물로 처음 지어졌고 1932년과 1933년 증축을 거친 철근콘크리트 3층 건물입니다. 현재의 서울관 중 붉은색 벽돌 건물이 국군기수사령부를 리모델링한 공간입니다.

연초제조창(煙草製造廠)이란?**

담배의 생산이나 관리에 관한 일을 담당하던 기관입니다. 1946년 11월 경성전매국 청주연초공장이 설립된 후, 1999년 6월에 폐쇄되었습니다.

아르코미술관 한국문화예술위원회 (Arts Council Korea) 산하의 공공미술 관입니다. 아르코미술관은 한국 근현 대 대학문화와 예술의 중심지였던 대 학로의 마로니에공원 내에 아르코예 술극장과 함께 붉은색 벽돌 건축물로 대학로의 랜드 마크가 되었습니다. 현 재의 건물은 한국의 대표 건축가 김수 근(金壽根, 1931-1986)이 설계했습니다. 1979년 5월 '미술회관'으로 개관한 뒤 2002년 '마로니에미술관'이라는 명칭

▲ 아르코미술관(한국문화예술위원회 아르코미술관 제공, 촬영: 홍철기)

으로 변경된 후, 2005년 9월 지금의 '아르코미술관'으로 명칭이 다시금 변경되었습니다. 동시대 시각예술의 아카이브인 동시에 문화예술 공간으로 다양한 현대미술 전시가 기획되어 전시되고 있습니다. 장르와 매체를 넘나드는 실험적 예술 활동이 펼쳐지는 현대미술 공간입니다. 신진 작가와 기획자들을 위한 다양한 프로그램과 전시가 지속적으로 진행되고 있습니다.

료와 소장 작가 기반의 미술자료, 도서 등의 자료를 자유롭게 열람 할 수 있습니다.

서울시립미술관을 찾아가다

서울시립미술관은 서울의 근·현대사 자취를 간직한 정동에 자리 하고 있습니다. 르네상스식 건물인 옛 대법원의 파사드 건축구조와 현대건축이 만나 조화를 이룬 건물로 2002년에 개관하였고, 이후 남서울미술관은 2004년 구 벨기에 영사관 건물에, 북서울미술관은 2013년 노원구에 미로형의 설계 건축물에 개관하였습니다. 2016년 에는 SeMA(Seoul Museum of Art) 창고가, 2017년에는 SeMA 벙커가 개관하였습니다. SeMA 창고는 옛 질병본부 시약 창고 시설을 전시

공간으로 탈바꿈하여 시민큐레이터의 기획전시 등 실험적이고 혁신적인 전시프로그램을 열고 있습니다. SeMA 벙커는 이름 그대로 1970년대 군사 정권 시절에 만들어진 것으로 추정되는 벙커를 미술 공간으로 탈바꿈한 곳입니다. SeMA 백남준 기념관은 백남준이 어린 시절을 보낸 창신동 한옥에 자리합니다.

서울시립미술관은 처음 경희궁 공원 부지에 1988년 8월 개관하였으나, 이후 2005년 옛 대법원 자리인 지금의 자리로 이전하였습니다. 옛 건물은 평리원˚이 있던 자리에 일제에 의해 1928년 경성재판소로 건립되었으며, 광복 후 대법원 청사로 사용되었습니다. 시립미술관이 이전됨에 따라 파사드 건축구조의 전면 현관부만 남기고, 지하 2층 지상 3층의 건물로 신축하였습니다. 전면 현관부는 국가등록문화재로 지정되어 있습니다.

평리원(平理院)이란?˚

최초의 근대적 제판소로 1899년 5월부터 1907년 12월까지 존치되었던 대한제국의 사법기관입니다.

▼ 서울시립미술관
서소문본관
ⓒ문화재청

▌석파정을 찾아가다 ▌

홍선대원군 이하응(李昰應, 1820-1898)의 별서입니다. 원래는 철종 때 영의정을 지낸 세도가인 김홍근(金興根)의 별서였는데, 이를 탐낸 이하응이 정권을 잡은 뒤 차지한 곳입니다. 김홍근이 이 자리에 별서를 만들기 전부터 부암동 일대는 경치가 좋기로 유명했습니다. 석파정 인근에 안평대군 이용(李瑢, 1418-1453)의 집터인 무계정사(武溪精舍), 윤치호(尹致昊)의 별장인 부암정이 있는 까닭입니다. 김홍근의 별서는 삼계동정사(三溪洞精舍)라 불렸기 때문에 지금도 집 옆 바위에 삼계동이라는 각자(刻字)가 새겨져 있습니다. 홍선대원군의 소유가 된 이후에는 석파정(石坡亭)이라고 하였습니다. 홍선대원군의 사후에는 그의 후손들의 소유였으나 한국전쟁 후에는 천주교가 경영하는 코롬바고아원이 되었고 그 이후에는 병원으로 쓰이거나 개인 소유가 되는 등 소유권이 이전되었으며 현재는 서울미술관의 정원으로 사용되고 있습니다.

이러한 복잡한 역사에도 불구하고 석파정은 홍선대원군 시절에 만들어진 안채와 사랑채, 별채와 같은 살림채의 구조가 잘 유

▶ 석파정 정자
ⓒ문화재청

지되고 있으며, 중국풍으로 지은 정자도 인근에 전하고 있습니다. ㄱ자로 꺾여 있는 사랑채 앞에는 서울시 보호수 60호로 지정된 오래된 소나무도 그 원형을 지키고 있습니다.

▌ 감천문화마을을 찾아가다 ▌

부산광역시 사하구 감천동의 산비탈에 조성되어 있는 마을입니다. 한국의 '마추픽추(machu picchu)' 혹은 '산토리니(Santorini)'라는 별명이 있지만, 이 마을은 마추픽추처럼 오래된 역사 유적이 아니며 산토리니처럼 평화롭던 섬마을이 아닙니다. 1950년 한국 전쟁 때 부산으로 피란 온 피난민과 태극도의 신도들이 정착하여 허허벌판에 집을 지으면서 이 마을이 조성되었습니다. 피난민들이 산비탈에 만든 마을이기에, 비탈을 연결하는 좁은 계단, 협소한 건축 구조가 특징입니다.

1970년대부터는 이곳의 인구가 감소하기 시작하여 남은 인구는 노년층이거나 저소득층이었습니다. 2000년대는 인구가 가파르

▲ 감천문화마을
ⓒ부산 임시수도기념관

다크 헤리티지(Dark Heritage)란?

네거티브 헤리티지 (Negative Heritage)라고도 합니다. 일반적으로 죽음·고통·재난·전쟁·사고 등과 관련된 고고 문화유산을 의미합니다. 문화유산의 관점을 넓히며 새롭게 사용되고 있습니다.

게 줄어들면서 재개발 논의가 시작되었는데, 여러 진통 끝에 본래의 마을 형태를 유지하는 '보존형 재개발'을 하여, 도시재생사업이 추진되었습니다. 감천문화마을 재생 프로젝트가 진행되자, 이곳의 특이한 지형으로 생긴 독특한 경치와 분위기가 크게 각광을 받게 되었습니다. 특히 '보존과 재생'을 바탕으로 진행된 도시 재생 방식은 부산지역의 예술가와 주민들이 합심하여 담장이나 건물 벽에 벽화를 그리는 등 '마을미술 프로젝트'로 진행되면서 이 지역은 관광지로 탈바꿈하게 되었습니다.

이제 감천문화마을은 국제적으로 도시 재생 사업의 벤치마킹 대상입니다. 2012년 우간다와 탄자니아의 공무원들이 도시재생 사례를 익히기 위해 이 지역을 방문하였고 2018년까지 25회에 걸쳐 외국 공무원과 국제기구 관계자, 외신 기자 등이 다녀갔습니다. 참담한 전쟁의 상황이 낳은 감천마을은 일종의 '다크 헤리티지'임에도 불구하고, 역사와 예술이 절묘하게 조합되어 의미의 이동이 이루어진 공간이 되었다는 점에서, 창의적인 사유를 불러일으키게 해주는 마을입니다.

▶ 감천문화마을
ⓒ부산 임시수도기념관

도판목록

 선사시대 미술문화

〈빗살무늬토기〉, 서울특별시 암사동 출토, 신석기시대, 높이 (좌)38.1cm, (우)25.9cm, 국립중앙박물관 소장

〈붉은간토기〉, 경상남도 산청군 출토, 청동기시대, 높이 12.8cm, 국립중앙박물관 소장

〈검은간토기〉, 경기도 성남시 출토, 청동기시대, 높이 8.5cm, 국립중앙박물관 소장

〈반구대 암각화 3차원실측도〉, 국립문화재연구소

〈반구대 암각화〉, 신석기시대, 울산 울주군 언양읍 대곡리 산234-1

〈천전리각석〉, 청동기시대 이후, 울산 울주군 두동면 천전리 산207-8

〈민무늬토기 항아리〉, 충청남도 부여군 출토(송국리 유적), 청동기시대, 높이 23.4cm, 국립중앙박물관 소장

〈덧띠토기 항아리〉, 충청남도 부여군 출토, 초기철기시대, 높이 17cm, 국립중앙박물관 소장

〈화순 대곡리 유적 출토 유물〉, 초기철기시대, (우)동경 지름: 18cm, 국립중앙박물관 소장

〈농경문청동기〉, 길이 13.5cm, 초기철기시대, 국립중앙박물관 소장

〈청동잔무늬거울〉, 전라남도 화순군 대곡리 출토, 초기철기시대, (좌)지름 18cm, (우)지름 14.5cm, 국립중앙박물관 소장

 남북조시대의 고분벽화

〈안악3호분 부엌장면〉, 황해남도 안악군 오국리 안악3호분

〈장천1호분 연화화생도〉, 중국 길림성 통화시 집안현 황백향 장천촌 장천1호분

〈안악1호분 기린도〉, 황해남도 안악군 대추리 안악1호분

〈무용총 기린도〉, 중국 길림성 통화시 집안현 집안현 통구 무용총

〈청룡도〉, 〈백호도〉, 〈주작도〉, 〈현무도〉, 평안남도 강서군 강서면 심묘리 강서대묘

〈무령왕릉 내부〉, 충청남도 공주시 금성동 산5-1 무령왕릉

〈능산리고분 백호도〉, 충청남도 부여군 부여읍 능산리고분 출토, 181.6×314.5cm, 국립부여박물관 소장

〈경주 천마총 장니천마도〉, 경상북도 경주시 황남동 제155호분(천마총)출토, 5세기, 75×53cm, 경주국

립박물관 소장

〈정효공주묘 시위도〉, 중국 길림성 화룡현 용수향 용해촌 용두산 정효공주묘

 제3강 고구려, 백제, 신라의 불교미술

〈장천1호분 예불도〉, 5세기, 중국 길림성 통화시 집안현 황백향 장천촌 장천1호분

〈뚝섬 출토 금동불좌상〉, 5세기, 높이 5cm, 국립중앙박물관 소장

〈연가 7년명 금동불입상〉, 539년, 높이 16.2cm, 국립중앙박물관 소장

〈서산 용현리 마애삼존불〉, 6세기, 충청남도 서산시 운산면 가야산

〈금동보살입상〉, 충청남도 공주시 의당 출토, 높이 25cm 국립공주박물관 소장

〈반가사유상〉, 7세기, 높이 90.8cm, 국립중앙박물관 소장

〈고류지 반가사유상〉, 7세기, 높이 125cm, 일본 교토시 우쿄구 우즈마사 고류지 소장

〈감은사지 서삼층석탑 사리함〉, 7세기, 국립중앙박물관 소장

〈감산사 석조미륵보살입상〉, 719년, 높이 270cm, 국립중앙박물관 소장

〈석조아미타불입상〉, 719년, 높이 275cm, 국립중앙박물관 소장

〈석굴암의 내부〉, 751년, 경상북도 경주시 진현동 석굴암

〈철조비로자나불좌상〉, 858년, 전라남도 장흥군 유치면 봉덕리 보림사장흥 보림사

 제4강 고구려, 백제, 신라의 공예

〈도기연유인화문항아리〉, 경상북도 경주시 남산출토, 전체높이 13.4cm, 국립중앙박물관 소장

〈네 귀가 달린 목긴 항아리〉, 고구려, 높이 59cm, 서울대학교박물관 소장

〈도기 일괄〉, 백제, 장군 높이 38cm, 국립부여박물관 소장

〈그릇받침〉, 경기도 포천시 자작리 2호주거지 출토, 백제, 5세기, 높이 44.6cm, 국립중앙박물관 소장

〈산수귀문전〉, 부여 외리 출토, 백제, 가로 28.5cm, 국립중앙박물관 소장

〈산수문전〉, 부여 외리 출토, 백제, 가로 28.7cm, 국립중앙박물관 소장

〈보상화문전〉, 황룡사지 출토, 통일신라, 가로 36.8cm, 국립경주박물관 소장

〈토우장식항아리〉, 경주 계림로 30호 고분 출토, 신라, 높이 34cm, 국립경주박물관 소장

〈동물토우들〉, 신라, 국립중앙박물관 소장

〈기마인물형도기〉, 신라 6세기초, 높이(좌) 26.8cm, 높이(우) 23.4cm, 국립중앙박물관 소장

〈집형도기〉, 경주 사라리 출토, 신라, 높이 20.3cm, 국립경주박물관 소장

〈수레형도기〉, 신라, 경주 계림로 출토, 높이 12.8cm, 국립경주박물관 소장

〈수레바퀴도기〉, 가야, 높이 15.7cm, 국립중앙박물관 소장

〈사슴장식항아리〉, 가야 5세기, 높이 16.1cm, 국립중앙박물관 소장

〈금관가야도기〉, 가야 4~5세기, (우)높이 63.5cm, 국립중앙박물관 소장

〈오리모양도기〉, 대구 달성군 출토, 가야, (좌)높이 16.5cm, 국립중앙박물관 소장

〈연꽃무늬은잔〉, 공주 무령왕릉 출토, 백제, 잔 높이 5.6cm, 국립공주박물관 소장

〈무령왕릉베개〉, 무령왕릉 출토, 백제, 높이 33.7cm, 국립공주박물관 소장

〈석수〉, 무령왕릉 출토, 백제, 높이 30.0cm, 국립공주박물관 소장

〈무령왕 금제관식〉, 무령왕릉 출토, 백제, 높이 30.7cm, 국립공주박물관 소장

〈금제관모〉, 천마총 출토, 신라, 너비 19cm, 국립경주박물관 소장

〈금제띠고리〉, 금관총 출토 길이120.7cm, 국립중앙박물관 소장

〈금관〉, 경주 황남대총 북분 출토, 신라, 높이 27.3cm, 국립중앙박물관 소장

〈백제금동대향로〉, 충남 부여 능산리 절터 출토, 백제, 높이 61.8cm, 국립부여박물관 소장

〈굵은고리 금 귀걸이〉, 경주 부부총 출토, 신라, 무게(좌) 57.1g, 무게(우) 58.7g, 국립중앙박물관 소장

〈인화문도기〉, 경주 월지(안압지출토), 통일신라, (좌) 병 높이 60cm, 국립중앙박물관 소장

〈용면무늬와〉, 경주 영묘사지 출토, 통일신라, 너비 35.8cm, 국립경주박물관 소장

〈얼굴무늬수막새〉, 영묘사지 출토, 통일신라, 너비 11.5cm, 국립경주박물관 소장

〈치미〉, 경주 황룡사지 출토, 통일신라, 높이 182cm, 국립경주박물관 소장

 제5강 고려의 불교미술과 일반회화

〈석조관음보살좌상〉, 고려전기, 높이 120cm, 개성 관음사

〈석조미륵보살입상〉, 10세기, 높이 18m, 논산 관촉사

〈강릉 한송사지 석조보살좌상〉, 10세기, 높이 92.4cm, 국립춘천박물관 소장

〈어제비장전변상도〉, 11세기, 목판화, 성암고서박물관 소장

〈금동관음보살좌상〉, 14세기, 높이 38.5cm, 국립중앙박물관 소장

〈재조대장경판〉, 1236-1251년, 합천 해인사

〈수월관음도〉, 14세기, 비단에 채색, 106.2×54.8cm, 아모레퍼시픽미술관 소장

〈아미타삼존내영도〉, 14세기, 비단에 채색, 110×51cm, 삼성미술관 리움 소장

노영, 〈고려태조 담무갈보살 예배도〉1307년, 목판에 흑칠금니, 21×12cm, 국립중앙박물관 소장

〈감지은니 대방광불화엄경 주본 권37〉, 14세기, 감지에 금니, 1권 1첩, 30.5×15.2cm, 호림박물관 소장

전 이제현, 〈기마도강도〉, 고려 말, 비단에 채색, 28.8×43.9cm, 국립중앙박물관 소장

미불, 〈춘산서송도〉, 북송, 종이에 수묵채색, 35×45cm, 대만 국립고궁박물원 소장

 제6강 고려의 도자와 공예

〈청자참외모양병〉, 인종장릉 출토, 12세기 전반, 높이 22.6cm, 국립중앙박물관 소장

〈청자죽순모양주자〉, 12세기 전반, 높이 19.2cm, 국립중앙박물관 소장

〈청자상감모란당초문표주박모양주전자〉, 고려, 높이 34.7cm, 국립중앙박물관 소장

〈청자상감모란문항아리〉, 고려, 높이 19.7cm, 국립중앙박물관 소장

〈청자철화버드나무무늬통형병〉, 고려, 높이 31.4cm, 국립중앙박물관 소장

〈청자양각연꽃잎무늬잔과 뚜껑〉, 고려, 높이 9.6cm, 국립중앙박물관 소장

〈청자음각연화당초문매병〉, 고려, 높이 43.9cm,국립중앙박물관 소장

〈청자음각연화절지문매병〉, 고려, 높이 39.1cm, 국립해양문화재연구소 소장

〈죽찰〉, 고려, 14.2×1.6cm, 국립해양문화재연구소 소장〈청자사자장식향로〉, 12세기, 높이 26.3cm, 국립중앙박물관 소장

〈청자투각칠보무늬향로〉, 12세기, 높이 15.3cm, 국립중앙박물관 소장

〈청자양각모란문수막새〉, 고려, 지름 8.3cm, 국립중앙박물관 소장

〈청동은입사포류수금문정병〉, 고려, 높이 37.5cm, 국립중앙박물관 소장

〈은제금도금잔과 잔받침〉, 고려, 높이 12.3cm, 국립중앙박물관 소장

 제7강 **조선의 건축**

〈옥호정도〉, 조선후기, 종이에 수묵채색, 150.3×193㎝, 국립중앙박물관 소장

정선, 〈청풍계도〉, 1755년, 종이에 수묵채색, 33.1×29.5㎝, 국립중앙박물관 소장

이성길, 〈무이구곡도〉, 1592년, 비단에 수묵 담채, 401.5×33.35㎝, 국립중앙박물관 소장

김수증, 〈고산구곡담기〉, 17세기, 국립중앙박물관 소장

 제8강 **조선의 불교미술**

〈회암사명 약사여래삼존도〉, 1565년, 비단에 금니, 54.2×29.7cm, 국립중앙박물관 소장

〈목조석가여래삼불좌상〉, 1630년, 본존불 높이 150cm, 창녕 관룡사

〈지장암 비로자나불에서 나온 복장물〉, 조선, 12×4.4cm, 국립중앙박물관 소장

신겸 등, 〈영산회괘불〉, 1652년, 모시에 채색, 726×472㎝, 청주 안심사

 제9강 **조선의 도자와 공예**

〈분청사기철화모란무늬장군〉, 조선, 높이 17.7cm, 국립중앙박물관 소장

〈분청사기구름용무늬항아리〉, 15세기, 높이 48.5cm, 국립중앙박물관 소장

〈분청사기분장무늬사발〉, 조선, 높이 9.4cm, 국립중앙박물관 소장

〈분청사기조화어문편병〉, 조선, 높이 23.2cm, 국립중앙박물관 소장

〈'長興庫'가 새겨진 분청사기 인화무늬 대접〉, 15세기 중엽, 높이 6.8cm, 국립중앙박물관 소장

〈분청사기박지철채모란문자라병〉, 조선, 높이 9.4cm, 지름 24.1cm, 국립중앙박물관 소장

〈백자태항아리〉, 조선, 외항 높이 23.5cm, 국립중앙박물관 소장〈백자청화문지석과 합〉, 조선, 지석 지름 20.3cm, 지석 두께2cm, 국립중앙박물관 소장

〈백자병〉, 조선 전기, 높이 36.5cm, 국립중앙박물관 소장

〈백자청화매화대나무새무늬항아리〉, 조선 15~16세기, 높이 16.5cm, 국립중앙박물관 소장

〈백자철화매화대나무무늬항아리〉, 조선, 높이 40cm, 국립중앙박물관 소장

〈백자철화끈무늬병〉, 조선, 높이 31.4cm, 국립중앙박물관 소장

〈백자항아리〉, 조선, 높이 41cm, 국립중앙박물관 소장

〈백자청화구름용무늬항아리〉, 조선후기, 높이 53.9cm, 국립중앙박물관 소장

〈백자청화십장생무늬병〉, 조선후기, 국립중앙박물관 소장

〈백자투각파초문필통〉, 조선후기, 높이 13cm, 국립중앙박물관 소장

〈백자양각매화문연적〉, 조선후기, 높이 5.5cm, 국립중앙박물관 소장〈백자청화복숭아모양연적〉, 조선후기, 높이10.5cm, 국립중앙박물관 소장

〈백자청화영지풀꽃무늬접시〉, 조선, 높이 3.5cm, 국립중앙박물관 소장

〈작〉, 조선, 높이20.6cm, 국립고궁박물관 소장

〈백자제기〉, 조선, 높이 7.8cm, 국립중앙박물관 소장

〈사방탁자〉, 조선, 높이 149.5cm, 국립중앙박물관 소장

〈문갑〉, 조선, 높이 36.2cm, 국립중앙박물관 소장

〈나전칠상자〉, 조선, 높이 9.6cm, 국립중앙박물관 소장

 제10강 조선의 회화

안견, 〈몽유도원도〉, 1447년, 38.7×106.5㎝, 일본 덴리대학 중앙도서관 소장

전 안견, 《소상팔경도》 8폭 중 〈소상야우〉와 〈평사낙안〉, 조선전기, 비단에 수묵, 각 35.2× 31.4cm, 국립중앙박물관 소장

이암, 〈어미개와 강아지〉, 16세기, 종이에 수묵채색, 163×55.5, 국립중앙박물관 소장

이정, 〈우죽도〉, 1622, 비단에 수묵, 119×57.3cm, 국립중앙박물관 소장

신사임당 〈초충도〉, 종이에 채색, 병풍 전체 길이 136cm, 국립중앙박물관 소장

김명국, 〈산수화〉(옛 명칭, 설중귀려도), 17세기, 모시에 담채, 55×101.7cm, 국립중앙박물관 소장

이성길, 〈무이구곡도〉, 1592년, 비단에 수묵 담채, 401.5×33.35㎝, 국립중앙박물관 소장

양기성, 〈이교수리〉, 〈도령채국〉, 『예원합진』, 18세기, 종이에 채색, 33.5×29.4cm, 일본 야마토분가칸 소장

이인상, 〈송하관폭도〉, 18세기, 종이에 수묵채색, 30×63.3cm, 국립중앙박물관 소장

심사정, 〈강상야박도〉, 1747년, 종이에 수묵, 151×61cm, 국립중앙박물관 소장

정선, 〈인왕제색도〉, 1751년, 종이에 수묵, 79.2×138.2cm, 국립중앙박물관 소장

정선, 〈금강내산총도〉, 1711년, 비단에 수묵담채, 36.0×37.4cm, 국립중앙박물관 소장

정선, 〈금강전도〉, 1734년, 종이에 수묵담채, 130.8×94.5㎝, 삼성미술관 리움 소장

윤두서, 〈나물캐기〉, 《윤씨가보》, 18세기, 종이에 수묵, 30.4×25cm, 녹우당.소장

조영석, 〈새참〉, 《사제첩》, 18세기, 종이에 담채, 20×24.5cm, 개인 소장

김홍도, 〈자리짜기〉, 18세기, 종이에 담채, 28×23.9cm, 국립중앙박물관 소장

김득신, 〈파적도〉, 18세기 말–19세기 초, 종이에 담채, 22.5×27.2㎝, 간송미술관 소장

신윤복, 〈단오풍정〉, 《혜원전신첩》, 18세기, 종이에 담채, 28.2×35.6cm, 간송미술관 소장

허련, 〈방예운림죽수계정도〉, 19세기, 종이에 수묵, 21.2×26.3cm, 서울대학교박물관 소장

 조선의 궁중회화

〈용봉이 간하다 죽다〉, 《삼강행실도》, 조선, 종이에 수묵, 35.2×22cm, 국립중앙박물관 소장

〈경직도〉, 조선, 모시에 수묵, 10폭 병풍, 각 90.5×31.5cm, 국립민속박물관 소장

《기사경회첩》 중 〈본소시연도〉, 1744-1745년, 비단에 채색, 44.0×64.9㎝, 국립중앙박물관 소장

《화성능행도》 중 〈한강주교환어도〉와 〈환어행렬도〉, 1795년, 비단에 채색, 151.5×66.4㎝, 국립중앙박물관 소장

『원행을묘정리의궤』, 1795년, 종이에 채색, 62.2×47.3㎝, 국립중앙박물관 소장

〈영조어진〉, 1900년, 비단에 채색, 110.5×61.8㎝, 국립고궁박물관 소장

〈철종어진〉, 1861년, 비단에 채색, 202.0×93.0㎝, 국립고궁박물관 소장

《일월오봉도병》, 19-20세기 초, 비단에 채색, 362.2×196.5㎝, 국립고궁박물관 소장

《십장생도병》, 19-20세기 초, 비단에 채색, 209.0×385.0㎝, 국립고궁박물관 소장

《모란도병》, 19-20세기 초, 비단에 채색, 204.0×53.5㎝, 국립고궁박물관 소장

전 이형록, 《책가도》, 19세기, 종이에 채색, 152.7×32.7㎝, 국립중앙박물관 소장

한시각, 〈북새선은도〉 중 〈길주과시도〉, 1664년, 비단에 채색, 57.9×674.1㎝, 국립중앙박물관 소장

〈동궐도〉, 19세기, 비단에 채색, 전체 273.0×584.0㎝, 고려대학교박물관 소장

《요지연도》, 19세기 전후, 비단에 채색, 156×504㎝, 국립고궁박물관 소장

《곽분양행락도》, 조선시대, 비단에 채색, 각 폭 143.9×52.7㎝, 국립중앙박물관 소장

 과도기의 미술

김규진 촬영, 〈황현 초상사진〉, 1909년, 15×10cm, 개인 소장

채용신, 〈황현 초상〉, 1911년, 비단에 채색, 120.7×72.8, 개인 소장

〈십장생도〉, 종이에 채색, 155.6×74cm, 국립민속박물관 소장

〈모란도 8폭 병풍〉, 종이에 채색, 각 화폭 88×44.5cm, 국립민속박물관 소장

〈문자도 6폭 병풍〉, 종이에 채색, 국립민속박물관 소장

〈강원도 문자도 8폭 병풍〉, 종이에 채색, 139×300cm, 국립민속박물관 소장

〈제주도 문자도 8폭 병풍〉, 종이에 채색, 154×3440cm, 국립민속박물관 소장

김준근, 〈효자거묘살고〉, 《기산풍속도첩》, 19세기, 종이에 채색, 23.2×16cm, 숭실대학교 한국기독교박물관 소장

김준근, 〈태쟝치고〉, 《기산풍속도첩》, 19세기, 종이에 채색, 23.2×16cm, 숭실대학교 한국기독교박물관 소장

〈은제이화문탕기〉, 1910년, 지름 18.4cm, 국립고궁박물관 소장

〈은제이화문합〉, 대한제국, 지름 7.5cm 국립고궁박물관 소장

제13강 **근대기의 미술**

〈제 2회 조선미술전람회 내부 관람 광경〉. 1923년 6월, 서울역사아카이브

변관식, 〈촉산행려도〉, 1922년, 비단에 수묵담채, 210×70cm, 개인 소장

이상범, 〈초동〉, 1926년, 종이에 수묵담채, 152×182cm, 국립현대미술관 소장

임숙재, 〈사슴도안〉, 1928년, 종이에 채색, 26×19cm, 국립현대미술관 소장

임숙재, 〈목단문나전칠소판〉, 1928년, 30×51×51cm, 국립현대미술관 소장

〈삼화고려소 제작 청자주병세트〉, 20세기 초, 서울공예박물관 소장

김관호, 〈해질녘〉, 1890년, 캔버스에 유채, 127.5×127.5cm, 도쿄예술대학 소장

안석주, 〈가상소견 2 - 모던 뽀이의 산보〉, 조선일보 1928.2.7. 서구의 복장과 소품으로 멋을 부린 모던 보이들이 다 쓰러져가는 초가집 옆의 거리를 활보하고 있다는 기사

구본웅, 〈친구의 초상〉, 1935년, 캔버스에 유채, 62×50cm, 국립현대미술관 소장

김환기, 〈론도〉, 1938년, 캔버스에 유채, 61×71.5cm, 국립현대미술관 소장

나혜석, 〈자화상〉, 1928년 추정, 캔버스에 유채, 62×50cm, 수원시립아이파크미술관 소장

이유태, 〈인물일대-탐구〉, 1944년, 화선지에 수묵채색, 212×153cm, 국립현대미술관 소장

이유태, 〈인물일대-화운〉, 1944년, 화선지에 수묵채색, 210×148.5cm, 국립현대미술관 소장

이인성, 〈가을 어느 날〉, 1934년. 캔버스에 유채, 97×162cm, 삼성미술관 리움 소장

이쾌대, 〈군상 III〉, 1948년, 캔버스에 유채, 130×160cm, 개인 소장

이중섭, 〈길 떠나는 가족〉, 1954년, 종이에 유채, 29.5×64.5cm, 국립현대미술관 소장

제14강 **현대의 미술**

장우성, 〈회고〉, 1981년, 종이에 담채, 108×69.5cm, 쾰른 동아시아박물관 소장

박노수, 〈선소운〉, 1955년, 화선지에 채색, 187×158cm, 국립현대미술관 소장

이응노, 〈생맥〉, 1950년대, 한지에 수묵담채, 133×68cm, 이응노미술관 소장

박서보, 〈회화 No.1〉, 1957-1958년, 캔버스에 유채, 95×82cm, 개인 소장

박래현, 〈작품〉, 1966-1967년, 종이에 채색, 169×135cm, 뮤지엄 산 소장

이응노, 〈구성〉, 1974년, 천에 채색, 220×167, 국립현대미술관 소장

'무' 동인과 '신전' 동인, 〈비닐우산과 촛불이 있는 해프닝〉 퍼포먼스, 1967년, 《청년작가연립전》, 중앙 공보관 화랑 제 2 전시실

정강자, 〈투명풍선과 누드〉 퍼포먼스, 1968년, 음악다방 세시봉, 아라리오 갤러리

이건용, 〈달팽이 걸음〉, 1979, 퍼포먼스, 1980년 동덕미술관 시연 장면

권영우, 〈무제〉, 1985년, 화선지에 먹과 과슈, 224×170cm, 국립현대미술관 소장

윤형근, 〈청다색〉, 1975년, 천에 유채, 130×97cm 국립현대미술관 소장

박서보, 〈묘법시리즈 2〉, 1994년, 종이에 한지, 안료, 79×59.8cm 국립현대미술관 소장

최병수, 〈한열이를 살려내라〉, 1987년, 부직포에 수성페인트, 아크릴릭, 걸개형식, 900×650cm, 국립 현대미술관 소장

오윤, 〈마케팅 I: 지옥도〉, 1980년, 캔버스에 혼합매체, 131×162cm, 개인 소장

공성훈, 〈blind work〉, 1991년, 블라인드 위에 형광 채색, 알루미늄 테이프, 거울, 모터, 컨트롤러, 국립 현대미술관 소장

이불, 〈수난유감: 내가 이 세상에 소풍 나온 강아지 새끼인 줄 아느냐?〉, 1990년, 12일간의 퍼포먼스, 김포공항; 나리타공항, 메이지 신궁, 하라주쿠, 오테마치역, 코간 절, 아사쿠사, 시부야, 도쿄대학교, 도키와자 극장, 도쿄.

저자 소개

집필진

고연희(성균관대학교 동아시아학과 부교수) | 김계원(성균관대학교 미술학과 부교수)
김소연(국민대학교 조교수) | 김수진(성균관대학교 동아시아학과 초빙교수)
구혜인(이화여자대학교 한국문화연구원 공동연구원)

현장답사 및 도판 확인

원세진(성균관대학교 동아시아학과 박사과정생)

유학생이 알아야 할 한국학 시리즈 [제3권]

한국미술: 전통에서 현대까지

1판 1쇄 인쇄 2022년 4월 22일
1판 1쇄 발행 2022년 4월 29일

기획 | 성균관대학교 동아시아학술원 한국학연계전공 교재편찬위원회
집필진 | 고연희, 김계원, 김소연, 김수진, 구혜인
펴낸이 | 신동렬
책임편집 | 구남희
외주디자인 | 심심거리프레스
편집 | 현상철·신철호
마케팅 | 박정수·김지현

펴낸곳 | 성균관대학교 출판부
등록 | 1975년 5월 21일 제1975-9호
주소 | 03063 서울특별시 종로구 성균관로 25-2
전화 | 02)760-1253~4
팩스 | 02)760-7452
홈페이지 | http://press.skku.edu

© 2022, 성균관대학교 동아시아학술원

ISBN **979-11-5550-533-5 04080**
　　　 979-11-5550-367-6 04080 (세트)

※ 잘못된 책은 구입한 곳에서 교환해 드립니다.